絶対に挫折しない日本史　大是文化

拿得起放不下的
有趣日本史

想從哪一章讀起都可以，只說故事不講術語，六種角度解構日本大歷史。

社會學家、慶應義塾大學
SFC研究所高級訪問研究員
古市憲壽／著　**賴詩韻**／譯

推薦序一　沒有年代、人名等專有名詞的日本史／洪維揚　5
推薦序二　有趣又真實的日本史／Cheap　9
推薦序三　打破「背多分」迷思！
以八倍速度學習歷史的有趣嘗試／宋彥陞　11
前　言　讀完這本書，等於溫習了八次日本史　15

第一部

這樣讀，各種大事件成了你能說給別人聽的動人故事

這樣讀，各種大事件成了你能說給別人聽的動人故事　27
1 日本版的人類大歷史　28
2 上古天皇如何取得政權？收保護費　38
3 中世紀開始，武家掌權，血統決定一切　58
4 江戶時代，有吃有喝還能到處玩　77
5 明治維新，強兵之國計畫正式展開　93
6 擴張時代，戰敗代價換取經濟高度成長　109

目錄

7 日本第一的泡沫狂亂，持續中——125

第二部

用六個不同角度看日本史——149

1 稻穗之國，早期根本沒有米——150
2 日本的神話與物語——168
3 大雄的土地也歸天皇所有？——185
4 男人當家女人顧家的起源——202
5 古代人所預測的未來——217
6 戰爭，讓國家更強的有利藉口——233
7 讀歷史，我可以學會什麼？——249

後記 拿得起放不下的有趣日本史——269

推薦序一

沒有年代、人名等專有名詞的日本史

《一本就懂日本史》、《幕末》等書作者／洪維揚

在筆者的求學過程中，不時可見身邊的同學為一大堆年代、人名、事件及各種專有名詞的歷史課所苦，對他們而言，歷史課比數學、理化還要沉悶、枯燥、無聊，甚至痛不欲生（怎麼可能！歷史是很有趣的）。

本書作者也察覺到歷史課繁多的專有名詞，於是捨棄年代、人名、事件等眾多名詞（不過實際上還是有略微提到年代），因此在這本書裡讀者看不到攝政、關白、令制國、令外官、院政、征夷大將軍、管領、戰國大名、國人眾、大老、老中這些讓學生感到不怎麼友善的詞彙，而讀者熟悉的日本歷史人物在本書也幾乎不會出現。

代之以古代：由部分權勢者統治零星散居的人民；中世：統治結構瓦解；近代：列島再度邁向統一的概念。作者的這套概念，使本書幾乎沒有出現專有名詞，內容也

大為精簡，大約一百四十頁的篇幅，便講完兩千年左右的日本歷史，比起市面上——也包括筆者——一大堆以簡單易讀、一本就懂、週末讀懂、輕輕鬆鬆為名的日本史還要簡要，捨棄眾多專有名詞是本書的第一個特點。

其次，包括眾多簡單易讀、一本就懂、週末讀懂、輕輕鬆鬆為名的日本史在內，通史多半只記載到一個時代的結束（通常是二戰結束或昭和進入平成），若是外國學者的話，則會寫到執筆的當年或前一年，甚少會寫到未來，即便有，通常也只限於探討日本未來發展的趨勢或走向。本書不僅談到日本未來的發展，還深入到日本未來數年到二十年左右會面臨的問題，以及日本的終結（這部分只是預測），其篇幅之多是筆者未曾見過，幾乎是同類書籍之冠，這是本書的第二個特點。

本書另一可觀之處，在於從繩紋到現代（或延伸到未來）的通史部分，竟只占一半的篇幅，另一半篇幅則由作者選出七個主題作為專史敘述，此為本書的第三個特點。這七個主題不乏成為歷史學者筆下的專史或論文，但由並非專攻歷史學的作者來撰寫，他以日常生活、時事或民眾普遍感興趣的角度切入，這七個主題讀來便不再是難以消化的文字。

作者在前言的最後提到：「讀完這本書後，無論是考試用的教科書、參考書，或是陳列於書店的眾多日本史書籍，應該都可以更容易理解內容。」作者並沒有否定其他類型的日本史書籍，反而是將本書，作為閱讀歷史學者撰述的專書的入門書，這點請讀者在閱讀本書前要先有這層認知。

對國內讀者而言，本書作者古市憲壽應該是個陌生的名字，他於一九八五年生於東京都，畢業於慶應義塾大學環境情報學部，就讀大學期間曾到挪威奧斯陸大學交換學生一年，大學畢業後，考進東京大學大學院總和文化研究科國際社會科學專攻相關社會科學，以二十八歲之齡，成為獨立行政法人日本學術振興會第四回（二〇一三年）育志賞得獎者。獲獎的前一年，他已是野田佳彥內閣的內閣官房國家戰略室國境分科會部分委員，現為內閣府「思角轉向與日本的方案懇談會」會員。

另外，他還嘗試寫作，於二〇一八、二〇一九年分別以《再見，平成君》（平成くん、さようなら）和《百之夜散場》（百の夜は跳ねて）拿下芥川賞候補，包含本書在內，還有近十本著作，在不同領域裡皆有傑出的表現。

推薦序二

有趣又真實的日本史

知識型歷史 YouTuber／Cheap

古市憲壽這本《拿得起放不下的有趣日本史》，是一本真的很有趣的史學書籍。作者試圖仿效《人類大歷史》，寫出一本有趣、讓讀者不太有負擔的書，他真的做到了，而且做得很不錯。不專注於權力者的歷史敘述，似乎是近年潮流，畢竟，用更為廣闊的視角來看，歷史其實很好玩。有權力、有力量的人在全體人類中終究占少數，平民也有自己的生活樂趣。放棄對大人物的執著，轉而看看更多數的普羅百姓是怎麼生活的，也是一個很不錯的議題。

作者設想了一些問題，並且盡量輕鬆的回答，但這個輕鬆也是有料的，比如日本什麼時候開始？又可能在什麼時候結束？對於中世紀的小政府，與近代國民國家的新體制，作者也都有自己的見解，加上一些主題史：米與農耕、神話、土地、家族、男女、戰爭與和平，都在用不同的角度去看日本史，讓人讀來頗感興趣，真的是放不下來。在這本書裡，沒有太多的年號，更沒有過於繁雜的專有名詞與大事件，只是用現代人可以快速理解的語彙，比如加盟店、哆啦A夢、JR、7-ELEVEN等，描繪出過去人曾經有的生活與精彩，我認為非常好看。

本書也解答、突破了一些有關日本的常見迷思：譬如神風其實沒有守護日本，而是日本人跟蒙古人鏖戰，最後導致蒙古人撤退；至於戰國時代，雖然被遊戲描寫得浪漫又帥氣，但實際上是充斥飢荒與暴力的可怕時代；日本人感覺都很愛國，會在發生戰爭時無條件支持日本，但這個想法其實是近代某些人才有的，江戶時代的人就不一定這樣想。而對於日本殖民其他地區的政策，作者也不是很支持，認為「那場戰爭，還好打輸了」，讀起來，就會覺得作者的想法其實頗為接近年輕人，這本書中的歷史描寫，說不定就是年輕人會喜好的角度。

除了這些，書中還說了不少有意思的問題，像是農耕從什麼時候開始、米何時成為主食、為什麼日本每一寸土地都有主人、家族從什麼時候開始、日本會持續到何時、人類的不安來自科學嗎、未來的戰爭會如何進行、日本老一輩的人為什麼喜歡明治維新、為什麼現代人還可以讀到《日本書紀》、歷史教科書的內容都是真的嗎……如果這些問題或多或少激起你心中的疑惑，那麼，這本書真的很值得一讀。

推薦序三

打破「背多分」迷思！以八倍速度學習歷史的有趣嘗試

時空偵探、文化工作者／宋彥陞

對許多讀者來說，歷史可能是一門讓人又愛又恨的「謎之學科」。明明我們透過遊戲、小說、戲劇等載體學到的歷史知識如此有趣，可偏偏國中乃至於高中歷史課卻經常枯燥無味，甚至被部分學子視為單純背誦年代、人名、事件的無用科目，進而質疑學習歷史的必要性。

之所以如此，在於教科書為了簡要介紹國內外歷史，不得不在有限的篇幅中，塞入大量的專有名詞，並且為了強調中立客觀而避免價值判斷。與此同時，國、高中的歷史考試仍以追求標準答案的選擇題為主，導致歷史課程容易偏重記憶瑣碎知識，最終變成不少學生眼中的無趣學科。

事實上，比起一味的填鴨破碎資訊而不求深入理解，歷史學其實更重視以蒐集資料、邏輯推理、流暢表達等能力為基礎，努力還原歷史真實的完整面貌。

從這個角度出發，本書作者古市憲壽寫成的《拿得起放不下的有趣日本史》，堪稱挑戰「歷史背多分」迷思的有趣嘗試。

鑒於廣大學子對於學習歷史得先記住上萬個術語而深感挫折，受到以色列歷史學家哈拉瑞（Yuval Noah Harari）啟發的本書作者，決定寫一本貼近讀者生活經驗、能快速掌握日本歷史脈絡的通俗讀物。

與其他歷史著作相比，《拿得起放不下的有趣日本史》有三大特點值得一提。首先，相較於多數歷史書籍習慣用大量術語進行討論，本書盡可能不使用專有名詞，避免讀者為了搞懂繁瑣細節花費過多心力。

其次，本書分成一部通史和七篇主題史共兩大部分，先讓讀者迅速綜觀日本從誕生到終結的簡明歷史，再從七種不同角度將知識碎片有系統的拼湊起來，試圖讓讀者用讀一本書的時間，以八倍速度學習歷史。

第三，歷史之所以常被認為與現代脫節，在於前朝的人物和制度大多隨著時代更迭而消失，致使我們難以感同身受。針對這個問題，作者擅長用淺顯易懂的譬喻解釋過去的人事物，並且透過生動逗趣的吐槽，發表自己對於史事的看法，致力幫助讀者跨越當前與歷史的世代隔閡。

長久以來，歷史書籍的撰寫除了受到史料和文物的限制，書寫者希望以何種方式呈現歷史也是至為關鍵的因素。整體而言，本書以打破成規的創新寫法，將複雜史實化繁為簡，盡力撰寫一部讀起來「絕對不挫折的日本史」，實則提供一種理解歷史的嶄新可能性，誠摯推薦給關注日本歷史或是從事教育工作的讀者朋友。

前言
讀完這本書，等於溫習了八次日本史

日本有很多歷史迷。日本廣播協會（以下簡稱ＮＨＫ）每年都會播大河劇（按：以日本歷史人物或是一個時代為主題製作的電視連續劇），收視率也都很不錯。直到現在，小說家司馬遼太郎和小說家池波正太郎的歷史小說，仍然有很多死忠支持者。「喜愛的歷史人物是誰」、「最強武將是誰」，我想很多人都曾熱烈討論過這類話題吧！

不過，即使喜愛坂本龍馬、織田信長，又有多少人熟知日本從原始到現代的通史？學生時代，有多少人把歷史教科書從頭到尾都讀透？我想應該不多吧！我們可以在書店看到一堆主打超好懂的日本歷史書，這說明很多人都對歷史感到棘手！

為什麼我們讀日本史會這麼挫折？首先是因為要記的人名和用語太多了。日本高中生為了應付大學考試，會讀參考書《日本史用語集》，當中所需學習的用語竟然多達一萬七百筆[1]。雖說不是全部都得記起來，但這個數量也太驚人了！而且歷史教科書沒有太多引人入勝的內容，尤其是古代史和中世史，講的盡是權力者的歷史[2]。

我們試想一下未來的教科書談及平成時代時的樣子：「二〇〇九年的眾議院議員總選舉，由民主黨代表鳩山由紀夫組成內閣，但是由於陷入政治獻金案和沖繩普天間基地搬遷問題，導致支持度大幅下滑，後改由民主黨黨員菅直人繼任。」如果像這樣平鋪直敘內閣的移轉過程，大家覺得如何？相信後世的人應該會誤以為平成是個非常無聊的時代吧。

實際上，歷時三十一年的平成是更有趣的時代。《海賊王》和《名偵探柯南》都是在這個時代開始連載，還有因為網路和智慧型手機的爆發性普及，大大改變了平成人的生活方式。

我想讀有趣的日本史！

二〇一六年，有一本叫做《人類大歷史》的書籍銷售奪冠[3]。這本書最大的魅力，就是不用專有名詞描述歷史，而且還用淺顯易懂的故事脈絡，說明人類是透過集體的「虛構想像」發展至今[4]。讀著這本書的同時，我產生了一些想法。難道我不能也用同樣的方式講述日本史嗎？而且還要盡可能簡單扼要。

總歸一句話：「我想讀有趣的日本史！」不要太多專有名詞，可以用更客觀、更宏觀的角度掌握日本歷史。我想模擬上帝視角講述這個國家的歷史。不過，我不是日本史的專家，我無法自己挖掘古墳或是發現古文書。「這樣讀日本史不是很好懂又有趣嗎？」我只是想寫出這樣的日本史。

本書內容分成兩個部分，第一部是日本全史，這個部分會一口氣寫出日本列島從誕生到消滅的經過。只讀第一部，至少就可以掌握日本史的大致脈絡。第二部的各章分別講述特定主題，內容有稻米、家族和戰爭等，我要以快於第一部的超高速度帶大家回顧日本史。稻米和家族，這些現代人認為是傳統的事物，從列島史的角度思考，你就會知道它們是多麼新的事物！

---

1 《日本史用語集 改訂版A、B共用》，山川出版社，二〇一八年。

2 「八一〇（弘仁元）年發生藥子之變後，也就是企圖讓平城上皇復位，並將首都遷回平城京，但最後失敗的政變。嵯峨天皇為了維護政務上的機密，設置了『藏人頭』，並任命藤原冬嗣擔任。」（五味文彥、鳥海靖編《新 再讀一次山川日本史》〔新もういちど読む山川日本史〕，山川出版社，二〇一七年）。

3 哈拉瑞（Yuval Noah Harari）《人類大歷史》，河出書房新社，二〇一六年（天下文化，二〇一八年）。不過，這本書也因上卷讀不下去的人太多而出名。

4 人類（Homo sapiens）與動物不同，他們可以對沒有出現在眼前的人和物進行思考。國家和貨幣之所以成立，是因為人們相信著同一個虛構想像。馬克思主義、共同幻想論和想像的共同體論等，這些在社會科學領域早就廣為討論，但是《人類大歷史》不一樣的地方，在於它竟把這個理論追溯到了七萬年前。

讀完這本書，等於反覆溫習了八次日本通史。比起拚命讀完又長又難懂的教科書，不如快速瀏覽簡單扼要的主題史，反而更能以多元化的角度理解歷史。

我要的是讀完的暢快感。就好像登上高塔的觀景臺，向下俯瞰街景一樣，有些景色一定要保持遠距離才能看得到，我想帶大家體驗掌握日本史全貌的快感。當你可以在腦海中描繪出俯瞰圖，就算要你閱讀比本書難懂無趣數倍的歷史書，應該也會更容易理解了吧！

你想**從哪一章開始讀起都無所謂**（基於此，我會重複提起重要內容）。有些地方不可避免會用到**專有名詞**，但**全都不必背**。閱讀的過程中，可以跳過你覺得麻煩或不感興趣的部分[5]。

首先就是要抓住大脈絡。歷史學者或許會生氣我都亂教大家，但就算不是很精確，也請大家先抓住整體架構。

日本史可以只分成三個時代：古代，由部分權勢者統治零星散居的人民（第一部、二章）；進入統治結構瓦解的中世時代（三、四章）；列島再度邁向統一的近代（五至七章）[6]。

只要清楚自己在讀的部分，究竟是古代、中世還是近代，歷史馬上就變得容易理解。實際上，無法明確區分為古代、中世或近代的部分也滿多的，不過只要掌握「統一→瓦解→再度統一」的大致脈絡就不至於出錯。接觸本書以外的歷史書，也適用這個原則。

我認為完全沒有必要記住年號，只要能透過年號，掌握歷史進程就可以了[7]：

- 約四萬年前，人類抵達日本列島。
- 七〇〇年左右，日本國號誕生，國家的最高領導者稱為天皇。
- 一二〇〇年左右，古代終結，邁入群雄爭霸的混亂中世時代。
- 一六〇三年江戶時代開始，邁入一段穩健的成長期。
- 一八六八年明治時代以後，國家迅速統一。一般都是從這個時期開始稱為近代。

5 像這樣的註，即使不看也無妨。如果想了解比本文更詳細的資訊，我有列出方便大家入手的參考文獻。

6 日本教科書把日本史分成古代、中世、近世、近代和現代。近世是指織田信長和豐臣秀吉統一天下開始，直到江戶時代的時期，現代則多指一九七〇年以後。

7 時代的區分有諸多說法，本書提到的事件幾乎都有諸多說法。原則上，我大都採用正統的學說，歡迎感興趣的讀者根據參考文獻進一步探討。

讀完本書後，無論是考試用的教科書、參考書，或是陳列於書店的眾多日本史書籍，應該都可以更容易理解內容。如果這本書可以讓更多人對日本史改觀，我將衷心感到喜悅。

日本現代地圖

現今日本的行政區劃為
一都（東京都）、一道（北海道）、二府（京都府、大阪府）、四十三縣：

1 北海道
2 青森縣
3 岩手縣
4 宮城縣
5 秋田縣
6 山形縣
7 福島縣
8 茨城縣
9 栃木縣
10 群馬縣
11 埼玉縣
12 千葉縣
13 東京都
14 神奈川縣
15 新潟縣
16 富山縣
17 石川縣
18 福井縣
19 山梨縣
20 長野縣
21 岐阜縣
22 靜岡縣
23 愛知縣
24 三重縣
25 滋賀縣
26 京都府
27 大阪府
28 兵庫縣
29 奈良縣
30 和歌山縣
31 鳥取縣
32 島根縣
33 岡山縣
34 廣島縣
35 山口縣
36 德島縣
37 香川縣
38 愛媛縣
39 高知縣
40 福岡縣
41 佐賀縣
42 長崎縣
43 熊本縣
44 大分縣
45 宮崎縣
46 鹿兒島縣
47 沖繩縣

另外，日本整體可以劃分成八大地方，
不過這只是民間習慣的劃分方式：
1 北海道
2～7 為東北地方
8～14 為關東地方
15～23 為中部地方
24～30 為關西地方（近畿地方）
31～35 為中國地方
36～39 為四國地方
40～47 為九州地方

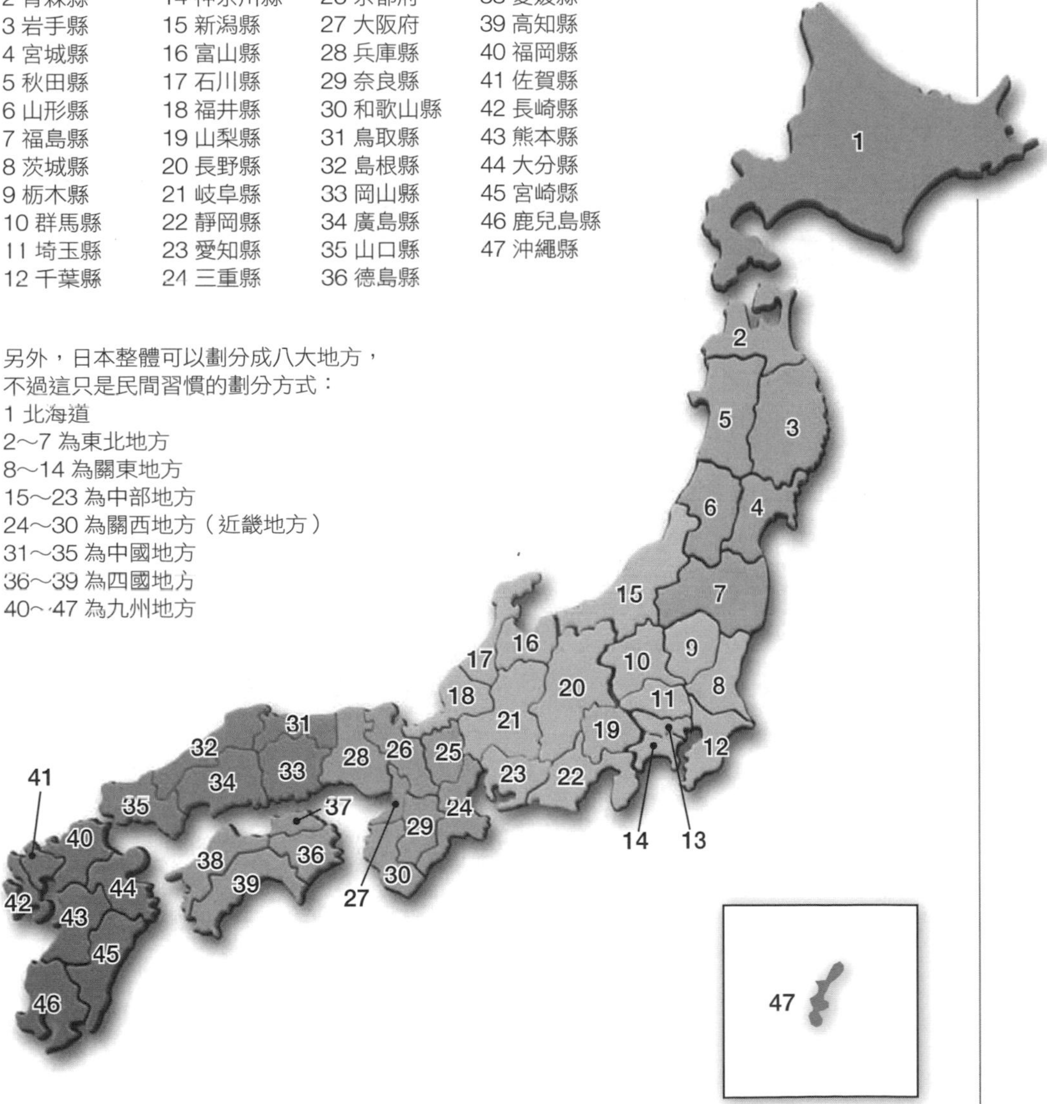

日本史年代表

歷史分期	時代	年分	大事紀
古代	彌生～古墳	三世紀～七世紀	前方後圓墳的區域政權興起。大和政權興起。
		五二七年	爆發盤井之亂。
	古墳	六四五年	大化革新。大和政權結束。
		六六三年	出兵支援白江口之戰而戰敗。
		六七〇年	首次建立戶籍，管理國民。
		六七三年	這年即位的王子改稱天皇。
		六八九年	完成有系統的法典。
		六九四年	興建都城藤原京。
		約七〇〇年	日本國號誕生，開始制定律令、官僚機構、建立戶籍，實施徵稅與徵兵制度。
		七〇一年	制定正式律令（法律）。
		七〇一年～八〇〇年	政府開始推廣水田。
		七〇三年	向中國朝貢。
	奈良	七二〇年	完成國史《日本書紀》。

日本史年代表

歷史分期	時代	年分	大事紀
古代	奈良	七二三年	頒布三世一身法。
		七四三年	頒布墾田永世私財法。
	平安	七九四年	建立平安京。
		八四〇年	日本後紀。
		九六九年～一〇八六年	貴族大活躍時期。
		一〇五二年	末法時代。
		一〇八六年～一一八五年	上皇弄權時期。
中世	鎌倉	一一九二年	鎌倉幕府成立。
	室町	十四世紀	室町幕府成立。
		一四六七年	應仁之亂。
	戰國	一五四三年前後	鐵砲傳入日本。
		一五七三年～一五九三年	開始使用鐵砲（槍械）。
		一五七五年	長篠之戰。
		一五八八年	發布刀狩令，禁止農民持有刀械。
		一五九〇年	頒布浪人停止令。
		一五九二年～一五九八年	出兵朝鮮。

歷史分期	時代	年分	大事紀
近代	江戶	一六〇三年	進入江戶時代。
		一六四〇年～一六四三年	寬永大飢荒。
		一六四三年	江戶幕府禁止農民私自買賣土地。
		一六四九年	禁止興建三層建築。
		一六三七年	爆發島原之亂。
		一七〇五年	四月至五月，參拜伊勢神宮的人多達約三百六十五萬。
		一七二一年	江戶幕府實施人口調查。
		一七八二年～一七八八年	天明大飢荒。
		一八三七年	發明電信技術。
		一八五三年	黑船來襲。
	明治	一八六八年	明治時代
		一八七二年	將神武天皇即位那年制定為紀元元年（日本皇紀）。針對六歲以上男女實施義務教育。
		一八七三年	實施徵兵制。
		一八七九年	將琉球王國強制納入日本版圖，並且設置沖繩縣。

日本史年代表

歷史分期	時代	年分	大事紀
近代	明治	一八八三年	約有一萬一千二百三十間寺子屋。
		一八九五年	日本打敗中國（清朝），把臺灣據為己有，並設置總督府。
	大正	一九一二年	進入大正時代。
		一九一三年	日本攻占中國東北部的滿洲地區。
		一九一九年	國內米的產量供不應求、進口米花費過多，因此日本政府呼籲人民節米和米麥混食。
		一九二三年	關東大地震。
		一九二五年	普通選舉法（限男性）、治安維持法：禁止任何涉及反對天皇制和資本主義的言行。
	昭和	一九二六年	昭和時代。
		一九二九年	高達四八%的耕地都是租佃地。
		一九三二年	宣布成立滿洲國。
		一九三三年	退出國際聯盟。
		一九三七年	爆發第二次中日戰爭。
		一九四一年	日本襲擊珍珠港。
		一九四四年	美國空襲日本。

歷史分期	時代	年分	大事紀
近代	昭和	一九四五年	日本投降。
		一九四七年～一九五〇年	政府收購一百九十二萬公頃的農地，並將一百八十八萬公頃的農地，賣給四百七十萬戶農家。
		一九五一年	實施國土調查法。
		一九五六年	日本經濟恢復水準。
		一九六〇年代	經濟高度成長期。
		一九六二年	平均每人消耗米量為一百一十八・三公斤。
		一九六九年	日本國內生產毛額（Gross Domestic Product，簡稱GDP），躍升至全世界第二名。
		一九七六年	日本學校恢復供應白米
	平成	一九八九年	平成時代。 日經指數上看三萬八千九百一十五日圓。
		二〇一九年	平成時代結束。
	令和	二〇二〇年	日本人人口平均年齡為四十七・八歲，是世界第一年老的國家。

第一部

這樣讀，各種大事件成了你能說給別人聽的動人故事

1 日本版的人類大歷史

約三百萬年前，日本列島的形狀已經與現在相差無幾。隨著時代快速更迭，約四萬年前，人類抵達了日本列島。很長一段時間，人們過著相安無事的和平生活。不過，從約三千年前開始，聚落的發展也使戰爭越來越多。

寫歷史的時候，都會先遇到同個問題：「要從哪裡寫起？」

生活於現代的人們，經常會覺得「自古生活在日本列島的就是日本人」。舉例來說，日本史的教科書告訴我們，約兩萬年前，沖繩出現了「港川人」。不過，我們可以把港川人視為日本人嗎[8]？

港川人會出現在日本的歷史教科書上，是因為沖繩現在是日本的領土。可是在當時，不要說什麼國號，甚至根本也沒有出現任何掌管沖繩，乃至於日本列島的政府機構。所以，港川人完全沒有意識到自己是日本人。既然如此，為什麼現代人不覺得港川人被寫進教科書是一件很奇怪的事？明明港川人根本就不覺得自己是日本人啊？

這恐怕與日本是島國有極大的關係吧。

歐洲會隨著時代變化不斷改變國境，但島國的日本不同，現代人會有日本列島就是「日本」的錯覺也不足為奇。不過，北海道和沖繩是在十九世紀納入日本，而且古代政權也沒有對東北和南九州多加關注。另一方面，在二十世紀，包括朝鮮半島在內的東亞各國都歸當時的日本帝國統治，當時的日本比現在還要大很多[9]。

隨著時代變遷，日本的國土範圍雖然有所變化，但是人們對日本的定義卻是永久不變的。因為我們認定，「從太古至今，在日本列島居住的就是日本人」。

越是自認為愛日本的人，越會對前述說法深信不疑。例如，有些人會說：「講到日本就會想到米」、「只有日本人才懂米的美味」，但是日本從江戶時代才開始普及稻作。中世以前的日本，以旱田耕作居多，直到江戶初期開墾新田，粳稻（Japonica

---

8　港川人是發現於沖繩縣八重瀨町的化石人骨。推測生活在約一萬八千年前，其身體特徵與後來的本州繩紋人有很大的不同。因此，近年有學者質疑港川人是繩紋人祖先的說法。片山一道《骨頭訴說日本人的歷史》（骨が語る日本人の歴史），ちくま新書，二〇一五年。

9　明治時代以後，流行日本人與韓國人祖先相同的「日韓同祖論」，目的在於合理化日韓合併和殖民地政策，另有學者提出天皇家的祖先是出韓國移至日本的論點。小熊英二《單一民族神話的起源》（單一民族神話の起源），新曜社，一九九五年。

rice）才開始普及日本全國。彌生時代也只有水稻傳入的說法而已[10]。

人們看歷史，大都容易用現代的偏頗觀點去解讀，若以盡量客觀的立場來說，日本和日本人究竟何時誕生？

日本誕生前的世界模樣

在電影版《哆啦A夢：大雄的日本誕生》中提到「日本誕生」是在七萬年前[11]。故事在講一群中國村民遭到壞人厲卡松比迫害，哆啦A夢一行人幫助他們逃難到日本列島。然而史實究竟又是怎麼樣？總之，為了探討日本誕生的瞬間，讓我們盡全力倒轉時間回到過去吧[12]！

地球誕生於四十六億年前，約四十億年前開始出現大陸。之後，大陸不斷碰撞、合併和分裂，每隔數億年就有超大陸誕生。

最近期的超大陸是盤古大陸[13]，誕生於兩億五千萬年前。當時的地球是無邊境的世界，只有一片廣大的陸地，以及環繞陸地的無垠海洋。感覺是約翰．藍儂（John Lennon，披頭四樂團的成員之一）會喜歡的風景。

當時相當於二疊紀（Permian period）[14]，是古生代最後一個地質時代，陸地上充滿巨大的兩棲類和爬蟲類動物，絲毫不見人類。在盤古大陸上，我們可以在之後會變成日本列島的地方做個記號，不過應該沒有人會主張那個區域就是日本吧！

其實在這段期間，地球發生了巨大的氣候變化，生物瀕臨滅絕，歷史上稱為「最大的物種滅絕」。

有一個說法認為，這場浩劫使九五%的海洋生物種類，以及七五%的陸地生物種類都滅絕了。小型爬蟲類在當時艱難的倖存下來，之後進化成哺乳類成為人類祖先。不過，應該也沒有人認為這種動物就是日本人的起源。歷經最大的物種滅絕後，恐龍出現了，牠們適應環境並且繁榮活躍。

在這個時代，日本和日本人都還沒有誕生。

---

10 歷史學家與那霸潤《中國化的日本 增補版》（中国化する日本 増補版），文春文庫，二〇一四年。

11 藤子．F．不二雄《哆啦A夢：大雄的日本誕生》，小學館，一九八九年。

12 關於日本列島誕生的經過，我參考了下列書籍。NHK特輯《列島誕生 GEO JAPAN》製作組監修《激動的日本列島 誕生物語》（激動の日本列島 誕生の物語），寶島社，二〇一七年。大衛．克里斯欽《Big History 大歷史》（ビッグヒストリー），明石書店，二〇一六年。

13 盤古大陸在希臘語的意思是「地球全體」。周邊環繞的海叫做盤古大洋，意思是「所有的海洋」。

14 距今約兩億九千八百九十萬年前至兩億五千一百九十萬年前。古生代結束後，接著就是三疊紀、侏儸紀和白堊紀。歷經「最大的物種滅絕」後，距今約兩億三千萬年前，恐龍誕生了。詳細可以參考史蒂芬．布魯薩特（Stephen L. Brusatte）《恐龍的世界史》（恐竜の世界史），みすず書房，二〇一九年。

距今三千萬年前，日本列島還是歐亞大陸的一部分，時值恐龍滅絕，大型哺乳動物嶄露頭角的時代[15]。歐亞大陸的東端開始產生異變。劇烈的火山活動伴隨著大地震，使大地開始分裂，歷經數百萬年形成的深廣裂縫，流入了太平洋的海水。

經歷一連串的板塊運動，日本在一千五百萬年前形成了「島」。日本當初是分成兩塊的，大概五百萬年前，經過伊豆火山島的大移動和碰撞就連成一體。之後，板塊移動使陸地急速隆起，在約三百萬年前，島的形狀就已經很接近現在的日本。

剛好在這段時間，非洲開始出現人類。約七百萬年前的最早人類，與黑猩猩源於共同祖先[16]。他們也被稱為猿人，外貌與黑猩猩十分接近。

之後也出現過很多人類，但大都滅絕了。當時，尼安德塔人等各種人類都共存在地球上，而不像以往教科書所寫的「猿人↓原人↓古人↓新人」的直線進化，而最後唯一倖存下來的，就是智人。

他們[17]大約在二十萬年前出現在非洲，然後在約十萬年前遷離非洲。直到約一萬五千年前，人類已經定居美洲以及世界各大陸。

智人抵達日本列島的時間，推測約在四萬年前至三萬年前之間[18]。因為在這段時期，日本列島各處都有發現人類的遺跡。不過，智人以外的人類是否曾經抵達日本列島呢？針對這個問題，研究者們眾說紛紜[19]。這是因為只發現石器，而沒有發現人骨，因此無法判斷石器是否為人工產物。只要沒有出現新證據，就很難認定日本列島從什麼時期開始出現人類。

繩紋時代列島居民零星散布

人類遷徙到日本列島的路徑，推測是經由庫頁島（按：俄羅斯最大的島嶼）、朝

15 恐龍時代也存在哺乳動物，但是都不大，種類也不多。六千六百萬年前，由於隕石撞擊地球使恐龍滅絕，哺乳動物才得以稱霸陸地（沃爾特・阿爾瓦雷茨〔Walter Alvarez〕《不可思議一三八億年史》〔ありえない一三八億年史〕，光文社，二〇一八年）。

16 有關人類的進化史，請參考以下書籍：三井誠《人類進化的七百萬年》（人類進化の七百万年），講談社現代新書，二〇〇五年；愛麗絲・梅・羅伯茨（Alice May Roberts）編著《人類演化大圖鑑》（人類の進化大図鑑），河出書房新社，二〇一二年。

17 應該說是「我們」吧。

18 確切的人類活動證據，大約出現在三萬七千年前。藤尾慎一郎、松木武彦編《從這裡開始改變！日本考古學》（ここが変わる！日本の考古学），吉川弘文館，二〇一九年。在本書中，概說為「約四萬年前」。

19 松藤和人、成瀨敏郎《話說舊石器「砂原遺跡」》（旧石器が語る「砂原遺跡」），ハーベスト出版，二〇一四年。書中提到在島根縣的砂原，從十二萬年前的地層中發現石器。這表示智人以外的人類曾經抵達日本列島，然後滅絕。

鮮半島，或是沖繩等南方島嶼。智人應該是透過各種路徑，陸續到達日本列島。尤其約兩萬年前，剛好遇到海退期，日本列島與亞洲連成一片，有利於遷徙。

距今約一萬六千年前，平均氣溫比現在低十度的冰河期結束，開啟了溫暖的繩紋時代，人們開始使用陶器，並開始定居生活。位於青森縣的三內丸山遺跡，是這個時代的代表性聚落，不過，在沒有網路的時代，列島上無法廣泛出現一致的繩紋時代。

就算在繩紋時代人口最多的時期，推測也只有二十六萬人左右而已[20]。平均壽命也只有三十歲左右。人們確實有過交易行為，但是列島的居民零星散布，也沒有發現大規模戰爭的痕跡。

當然當時也還沒出現日本政府的統治機構，人們也不認為自己是日本人。列島大約有一萬年都處於這樣的狀態。

距今約三千年前（西元前一〇〇〇年左右），出現了巨大的變化。聚落的周圍開始圍上護城河，形成防禦外敵的環濠聚落。

環濠聚落的出現，使人類正式進入定居和種稻的生活，聚落也成為手工業和交易的據點[21]。大家如果都和平交易就相安無事，但有時候也會發生爭奪，不只聚落之間會發生戰爭，儲藏食物和貴重物品的聚落也是土匪垂涎的目標，但各個聚落的自衛機制也有限，為了保障自己的居住地不被捲入爭鬥，人民會向鄰近的權勢者上繳糧食等物品。這種保障安全的做法，正是國家的起源吧。用現在的話說，大概就類似向黑道繳交保護費。聚落之間歷經多次的戰爭和交涉，逐漸邁向統合。

放眼世界各地都是同樣的情形。在中央集權產生之前，隨著聚落之間的緊張關係升溫，村落紛紛築起環濠和要塞[22]。各方勢力不斷爭奪天下的霸權。舉較早的例子，中東地區在西元前三二〇〇年左右，出現了擁有城塞和領土，堪稱國家的共同體[23]。

邪馬台國其實很恐怖

日本最早的戰國時代（也就是彌生時代），持續到三世紀（二〇〇年代）[24]。這

---

20 鬼頭宏《從人口來看日本歷史》（人口から読む日本の歴史），講談社學術文庫，二〇〇〇年。

21 簡單來說，大概就是出現在遊戲《Final Fantasy X》中畢賽多村那樣的規模。

22 考古學家都出比呂志《古代國家何時成立》（古代国家はいつ成立したか），岩波新書，二〇一一年。

23 位於美索不達米亞的都市烏魯克，擁有城牆、徵稅體制和官僚機構。基於這點，堪稱為初期的國家。詹姆斯·斯科特（James C. Scott）《反穀》，みすず書房，二〇一九年。

24 這是我自己的寫法，我覺得以世紀為單位很難懂。因為不得不再腦中轉換，「如果是三世紀，就是二〇〇多年」、「十九世紀的話，就是一八〇〇多年」。不過，本書的目的在於透過俯瞰的方式回顧歷史，只要大概理解就可以了。

段時期的日本，戰爭並非打個不停，也不是整個列島都在到處掠奪。不過，在北部九州、吉備、出雲、近畿、東海和關東各地，都出現了握有一定權勢的集團。

這裡要提到有名的《魏志倭人傳》。這是最早把列島的實情，有系統的用文字記載下來的中國歷史書。

不過，《魏志倭人傳》根本不是獨立的一本書。

在全六十五卷的中國正史《三國志》中，只有稍微提到「倭」[25]而已。而且還是出現在魏書卷三十中描寫東方島國的東夷傳的最後面。由此可知，從中國的角度來看，「倭」真的位於非常偏遠的邊境。

《魏志倭人傳》記載了下列內容[26]，描寫三世紀中葉的「倭」國。島中約有一百個國家，目前使節往來的有三十國。其中，奴國約有兩萬戶人家，也有超過一千個家族居住的伊都國等國，還有女王卑彌呼統治的都市邪馬台國[27]。

邪馬台國存在上下階級，也有奴隸。「犯法者，輕者沒其妻子，重者誅滅全族。」經由這段恐怖的記載，可以得知邪馬台國人民必須遵守法律。此外也有租稅制度，甚至還有掌管流通的官員，職業和身分的分工很細，是高度發展的聚落。

不過，由於《魏志倭人傳》的記述不甚正確，邪馬台國究竟在什麼地方仍是謎。九州說和近畿（主要指奈良）說都有，而近來越來越傾向於近畿說。

說實話，邪馬台國究竟在何處並不重要[28]。因為在邪馬台國存在的三世紀中葉，我們已經透過某處的某些證據，發現列島曾經存在強大的權力。我在這邊先賣個關子，接著進入下一章。

25 當時中國對日本的稱呼。範圍不很明確，每個研究者的定義都不同，在《魏志倭人傳》中，「倭人」是居住在列島上的人的統稱。部分認為「倭」有歧視的意涵。

26 藤堂明保等譯《倭國傳》，講談社學術文庫，二〇一〇年。

27 根據《魏志倭人傳》，邪馬台國的人有下列特徵：氣候溫暖都打赤腳，經常飲酒，遇見偉大的人會拍手，身分地位高的人可擁有四、五名妻子，女性謙恭不吃醋。

28 我們都知道《三國志》中杜撰的情節也不少。《倭人傳》也不是由實際拜訪倭國的人所寫，而是後世寫成的。根據不甚可靠的記述，日本長期針對邪馬台國爭辯不休，這種想規範出國家邊境的行為，真是既滑稽，又可悲啊！

2 上古天皇如何取得政權？收保護費

三世紀左右，列島出現寬鬆統治的王權。證據在於發現許多形狀相似的古墳。七世紀，他們把握有最高權力的人稱為天皇，並把國名定為日本。因此，這個列島統合為一的時代被稱為「古代」。

古代史的狂熱者最喜歡爭論「邪馬台國究竟在何處？」最近甚至出現邪馬台國在別府溫泉的奇妙說法[29]。不過，這個只出現在中國歷史書的「邪馬台國」究竟在何處，老實說根本不重要，因為我們知道當時的列島，已經出現了巨大的政治勢力。

從京都車站搭乘ＪＲ約一個半小時的距離，在奈良縣的卷向車站旁邊就存有一個證據，那就是箸墓古墳，全長兩百七十八公尺，高三十公尺，是一座前方後圓的巨大墳塚[30]，研判興建於三世紀中葉。這種長度超過兩百公尺的巨大墳塚，地球上也只有寥寥數座，比方說秦始皇的陵墓、埃及的古夫法老金字塔，和呂底亞的阿呂亞泰斯陵墓。這些陵墓象徵著強大的王權[31]。

我為了寫這本書，實際走訪了箸墓古墳，現場的實景有如田園畫般鄉下。就現在看來，古墳本身就像一座山而已。不過在建造之初，草木還未掩蓋之前，是一座石造的巨大紀念碑。在周圍沒有高層建築的時代[32]，這座三十公尺高的建築物，從遠處看應該也很顯眼。

列島至今雖然也有被稱作王墓的豪華墳塚[33]，不過像箸墓古墳那種級別的巨大陵墓，還真是前所未聞。體積三十萬平方公尺，與更之前的權勢者陵墓相比，一下子就相差了三十倍。

同一時代，列島到處再也找不到像箸墓古墳那種規模的巨大建築物了。也就是

29 酒井正士《邪馬台國在別府溫泉》（邪馬台国は別府温泉だった！），小學館新書，二〇二〇年。

30 在梯形上面有圓形的圈圈，看起來既像葫蘆又像鑰匙孔的古墳。由於是方形和圓形結合的形狀，所以大家才這樣稱呼它。

31 國立歷史民俗博物館編《日本古墳為何這麼巨大》（日本の古墳はなぜ巨大なのか），吉川弘文館，二〇二〇年。日本列島上，長度超過二百公尺的古墳有四十座以上。

32 現在也沒有。二〇二〇年，奈良縣最高的建築物是興福寺五重塔（高五十・一公尺）。

33 二世紀後半至三世紀前半，吉備、出雲、丹後和大和等列島各地，同時建造了被稱為「王墓」的大型墳墓。

說，不管邪馬台國到底在哪裡，列島最大的權力確實就存在於大和地區，也就是卷向車站附近。實際上，在發現箸墓古墳的五十年前左右，據說大和地區就挖掘到越來越多中國的鏡子和鐵等出土品[34]。根據發掘調查，證實卷向曾經存在大規模聚落，極盛時期則同樣推測在三世紀中至後半[35]。

因此，許多人認為箸墓古墳就是卑彌呼之墓。沉睡在箸墓裡的究竟是誰？想必他才是當時擁有最高權力的人吧！

大肆修建大墓的原因

耐人尋味的是，就在箸墓古墳建立後不久，日本列島的東北到九州一帶，也建造了同樣是鑰匙孔狀的巨大古墳（前方後圓的墳塚）[36]。到底為什麼要到處大肆修建大墓？而且還是列島各處同時建造相似形狀的古墳。由此可知在這個時期，以箸墓古墳裡沉睡的權勢者為中心，形成了區域政權網路。

有考古學家把這個政治體制稱為「前方後圓墳國家」[37]。

總之，就跟現在的加盟體制很像。想像一下城鎮的雜貨店轉型為 7-ELEVEN 便利商店的情形就好。成為 7-ELEVEN 的一員，就必須繳交加盟金和權利金，相對的，可以利用 7-ELEVEN 的物流網，販售金之燉牛肉和吐司等 7-ELEVEN 的限定商品，這種加盟模式使店家更容易取得地區居民的信賴。

三世紀中葉的日本列島，也出現類似的加盟模式。吉備和出雲等處的地方政權雖也有一定的規模，不過應該是考量日後能獲得更多利益，所以才加入以大和地區為中心的前方後圓墳國家。至於具體的好處，就是取得新技術和權威。

這種巨大的古墳，絕對不是石頭堆一堆，隨便蓋蓋就好的東西。除了設計、測量等土木工程技術外，就連祭祀也有既定形式。因此，可以推測應該是大和地區派遣專家到古墳的周邊，協助其他據點共同納入一個大文化圈[38]。

34 都出比呂志《古代國家何時成立》（古代国家はいつ成立したか），岩波新書，二〇一一年。

35 四世紀後半，奈良盆地北部和大阪平野開始建造大型古墳，應該是政權內的勢力產生了變動。箸墓古墳的所在地卷向，雖然確實發現人們活動的痕跡，但最後仍然步上衰退一途。櫻井市立埋藏文化財中心《「纏向」之後》（「纏向」その後），二〇一五年。

36 正確來說，這個時期同時出現了前方後圓墳和前方後方墳。不過，兩者的基本尺寸和比例都是一致的。

37 廣瀨和雄《前方後圓墳國家》（前方後円墳国家），中公文庫，二〇一七年。

38 在東日本，到處可以看到使用西日本工法建造的古墳，這就是大和政權派遣技術者，協助東日本興建古墳的證據。不過，在古墳時代前期，西日本工法僅限於傳一代。這顯示地方的有力人士與大和政權之間，僅透過個人意志維繫關係而已。青木敬《土木技術的古代史》（土木技術の古代史），吉川弘文館，二〇一七年。

這些巨大的古墳，都是興建在當時的交通要衝處[39]，用意在於向內外眾人彰顯：我們就是這麼有權有勢！

不過，如果只是想彰顯古墓有多巨大，沒有必要非得蓋成鑰匙孔型的前方後圓墳，應該也可以蓋成像金字塔型。但我們卻沒有出現足以登上《珍奇百景》的奇特古墳。為什麼各地沒有出現別具特色的古墳？應該是為了彰顯自己有大和的掌權者當靠山，藉此提高地方政權的威勢。基於此，古墳就必須是同一種形狀！也就是說，前方後圓墳的特殊設計，作用就相當於 7-ELEVEN 的招牌。

大和地區曾出現國家嗎？

在箸墓古墳一帶出現的政權，我們就姑且稱為大和政權吧[40]。那這個大和政權的成立，是不是可以視為日本誕生呢？

根據現代國際法，國家的定義為固定的居民、一定的領土、有效的政府，以及與他國交往的能力[41]。大和政權擁有可以建造巨大古墳的勞動力，並擁有統治東北至九州地區的政府機構，而且他們也與中國和朝鮮半島做交易。

不過，如果把初期的大和政權拉到現代來看，究竟是不是個國家還很難說。首先，列島的全體人民並沒有接受統一管理，真正導入戶籍制度是在數百年之後，而且在當時，各地也擁有無法等閒視之的強大勢力。

雖然大和政權位於統治階層頂端，但實際情況卻比較接近聯合政權。而且王權不由特定的血統獨占，推測應該是由多位領導者共同統治[42]。前方後圓墳國家成立的時期，應該還沒有像之後的天皇家那樣，執行血統的世襲制。

當時也沒有現在的國境線。北海道、東北北部和沖繩都沒有納入統治範圍，只是透過地方政權間接統治，不禁懷疑究竟有多少一定的領土？打個比方，就類似這樣的情況：奈良確實出現一個叫做大和或倭國的加盟總部。不過，同時還存在數名有力的地方領導者，讓總部也得敬之三分。而且，總部社長的位子不由他的兒子繼承，而是由數個有力的家族共同推舉出領導者[43]。照這樣看來，成立於三世紀的大和政權，應

39 以現在來看都是一些偏僻地方。

40 他們對外自稱倭國。當時沒有大和的漢字表記，最近多稱之為倭政權或大和政權。

41 根據一九三三年《蒙特維多國家權利義務公約》的第一條。

42 初期的大和政權，是多位首長把前方後圓墳集中建立在三輪山附近，形成類似夥伴關係，但是他們卻分別居住在奈良盆地各地。廣瀨和雄《前方後圓墳的世界》（前方後円墳の世界），岩波新書，二〇一〇年。

43 現在也會採取類似龜甲萬的經營模式。一九一七年，彼此存在競爭關係的茂木六家、高梨家和堀切家簽定合同，共同設立了龜甲萬醬油公司，社長由八家當中選出。

該是與現代日本全然不同的國家吧。

推翻加盟總部

身為加盟總部的大和政權，之後逐漸對地方加強統治。除了把總部人員派往加盟店，又嚴格管制商品進貨。最後，加盟店就以近似直營店的方式經營。

五世紀前後是一個劃時代的時期，這個時期建造了許多超巨大古墳，比方說被登錄為世界遺產的大阪大仙陵古墳（仁德天皇陵古墳），是前方後圓墳國家的全盛期。

我也去過大仙陵古墳，比想像中還要巨大。長八百四十公尺，寬六百五十四公尺，而且高達三十六公尺，完全就是一座山[44]。體積為一百四十萬立方公尺，相當於二十五萬臺十噸卡車。如果根據古代工法進行建造，假設一天約兩千人施工，估計要花費十五年又八個月之久[45]。當時的列島充其量也只有數百萬人口[46]，相較之下，大家就可以了解這是多麼誇張的大規模事業。光是準備工人的伙食，就需要非常廣大的田地。

假設現代人可以自由使用兩千名作業員，但要建造大規模的古墳也是難上加難。在當時，雖然文字還不普及，但應該有設計圖，也知道如何管理組織。由此可知，當時大和政權的加盟體制，應該已經發展到相當規模了。這類超巨大古墳，都是沿著陸上的交通要道興建，我想應該也有向外國使者宣揚大和政權實力的用意[47]。

大和政權建造了超巨大古墳後，開始打算建立中央集權體制。不過，在沒有身分證和地方補助金的時代，大和政權如何掌控地方[48]？最簡單的方法，就是從中央派人過去。實際上我們至今已

▲大仙陵古墳。
資料來源：Copyright © National Land Image Information (Color Aerial Photographs), Ministry of Land, Infrastructure, Transport and Tourism。

44　可惜因為太巨大了，根本不知道該如何看起。由於是宮內廳（按：日本政府中掌管天皇、皇室及皇宮事務的機構）指定的陵墓，所以不能夠入內參觀，附近也沒有超級高的建築，因此沒有辦法看到陵墓的全貌。堺市公所二十一樓的觀景廳也不夠高，無法確認其前方後圓墳的特徵形狀。

45　大林組編《復原與構想》（復元と構想），東京書籍，一九八六年。

46　因為沒有文獻資料，所以不清楚古墳時代列島的人口數。根據鬼頭宏《從人口來看日本歷史》（人口から読む日本の歴史，講談社學術文庫，二〇〇〇年）推測，彌生時代有六十萬人，奈良時代則有四百五十一萬人。

47　倉本一宏《戰爭之日本古代史》（戦争の日本古代史），講談社現代新書，二〇一七年。

48　現代日本就算有個人識別號碼，也無法統一管理人民。

經發現，有好幾個古墳突兀的出現在毫無關係的地方，有研究家認為，這就是聽命於中央政權的官員被派遣到地方的證據[49]。

當然，也有一些地方政權看不慣中央的這種做法。長期以來，加盟店做得好好的，也一直固定向總部進貢，突然說要塞總部的員工來當店長，誰能高興接受？之後編寫的官方歷史書《日本書紀》，裡面也有描述「吉備氏之亂」、「磐井之亂」等由地方勢力發起的叛亂事件。

古代國土的統一戰爭？

磐井之亂爆發於五二七年，戰事歷時一年半，最後九州北部最大的豪族磐井滅於大和政權之手。磐井葬於大型的前方後圓墳，由此可知，他毫無疑問也是前方後圓墳國家的一分子[50]。

當時的古墳是有階級區分的，當地權勢最大的人才可以建造大型的前方後圓墳，以下的地方要員只被允許建造圓墳。這項規定是共通的，但在九州卻有點不一樣，他們把石頭視為權力象徵，所以陵墓會隨葬武裝的石人和石馬等裝飾品，這是九州陵墓的特色[51]。

也就是說，地方在接受前方後圓墳國家制度的同時，也保留了當地特有的文化。這種情形大概就像加盟了 7-ELEVEN，卻還是會賣當地老婆婆種的青菜，或是自作主張把招牌的顏色改成藍色那樣吧！

這是因為奈良和九州相距甚遠，而且有一段時期，雙方關係良好。不過到了五世紀，東北亞一帶進入緊張狀態。朝鮮半島上的百濟和高句麗開始進入慢性戰爭，百濟想要拉攏大和政權。

進入六世紀後，朝鮮半島的戰爭也沒有消弭，大和政權繼續支援百濟[52]。因為戰爭的關係，大和政權希望九州提供士兵、馬和船等援助，但是磐井卻與大和政權的敵方新羅交好[53]。

---

49 都出比呂志《古代國家何時成立》（古代国家はいつ成立したか），岩波新書，二〇一一年。書中提到埼玉的稻荷山古墳和熊本的江田船山古墳。

50 根據《筑後國風土記》記載，北部九州最大的前方後圓墳岩戶山古墳，就是磐井的墓塚。

51 八女市岩戶山歷史文化交流館《常設展示圖錄》（常設展示図録），二〇一五年。

52 國寶的隅田八幡神社人物畫像鏡，據說是百濟王武寧王送給日本繼體天皇的贈答禮，兩者之間應該因為某些原因而關係緊密吧。

53 屬於磐井勢力的久留米權現塚古墳中，發現了新羅樣式的陶器。柳澤一男《筑紫磐井與「盤井之亂」》（筑紫君磐井と「磐井の乱」），新泉社，二〇一四年。

之後，大和政權與磐井之間就爆發了戰爭。直到現在，我們還是不清楚到底是誰先挑起戰事。從大和的角度來看，是鎮壓磐井的叛亂，實際上也有可能是國土統一戰爭[54]。

當時大和政權的領導者是越前（福井縣）出身，其血統即使從上代推算也非常遠，據說即位十九年也沒能融入大和地區[55]。也就是說，磐井之亂等於是脆弱的大和政權，與私自結交朝鮮半島的九州政權之間的戰爭。假使磐井打贏了，當時的九州搞不好就誕生一個獨立國家了！

雖說如此，磐井之亂還是在五二八年被鎮壓了。根據《日本書紀》記載，磐井的兒子向大和政權獻上直轄地，最後免於死罪[56]。磐井一族因為歸順了大和政權而沒有被滅族。

日本為何臣服於中國？

但是當時的大和政權，還是向中國俯首稱臣了。這是因為大和政權為了確保列島的統治權，拉攏了中國皇帝做靠山[57]。古往今來，想要威風的人都一個樣，就是跟比自己偉大的人交好，然後沾沾自喜。

大和政權為何願意臣服於中國？那是因為要在朝鮮半島進行軍事活動，必須借重中國的權威。對於當時的大和政權而言，確保獲取朝鮮半島的鐵資源和先進技術，可是攸關生死的大事。

鐵被稱為金屬之王，是當時最新的技術。製鐵技術堪稱為改變世界史的一大發明，其特色是非常堅硬又可以任意加工。權勢者們都非常想要鐵，因為它可以變成強大的武器，也能變成有用的農具[58]。對現代人來說不值一提的鐵，在當時可是宛如魔法般的材料！

---

54 吉田晶《古日本國家的形成》（古代日本の国家形成），新日本出版社，二〇〇五年。

55 前代天皇武烈天皇逝後，繼體天皇以「應神天皇五世之孫」名義即位。但有研究者認為，由於關係過遠，繼體天皇即位等於是改朝換代。不過，繼體天皇的結婚對象是雄略天皇的孫女，仁賢天皇的皇女，武烈天皇的手足。也就是說，繼體天皇相當於「入贅」。當時的皇位繼承可以說並非男系社會。

56 直轄地被稱為屯倉。而磐井一族沒有被滅族的原因，應該是因為大和政權仍然忌憚九州北部勢力的緣故。

57 舉例來說，大和政權的領導者於五世紀派遣使者到中國（宋朝），獲封為安東大將軍．倭國王。當時還進一步替臣下的倭人求取將軍封號。由於自我向心力不足，於是形成「中國皇帝—倭國王—倭國臣下」這樣的階級結構。河上麻由子《古代日中關係史》（古代日中関係史），中公新書，二〇一九年。

58 約四千年前，安納托力亞（土耳其）發明了冶鐵技術。現在鐵也廣泛使用在大樓、橋和汽車，以及日本刀上。詳細請參考永田和宏《人是如何製作出鐵》（人はどのように鉄を作ってきたか），講談社，二〇一七年。

從地方的立場來看，與大和政權組成同盟的一大好處，就是可以取得鐵。五世紀至六世紀前半期間，隨著鐵器生產據點的集約化，大和政權終於成功壟斷鐵的進口和製造[59]。

大和政權逐漸加強總部的實力，終於發展到近似國家的規模。原本在列島大肆興建的前方後圓墳，也都在六世紀時急速消弭了蹤跡。這不是因為大和政權的實力減弱，而是由於統治系統已完備，所以就不必再特意興建象徵性的大型古墳。

日本國號的祕密

之後，終於在七〇〇年左右，沿用至今的「日本」國號誕生了[60]。正如字面的意思，代表「太陽升起的地方」，不過，從日本列島居民的角度來看，太陽升起的地方應該是更東方吧。

這個國號應該是考量到中國的角度。在當時的中文來說，日本似乎是很普通的名詞，意思是極東[61]。也就是說，特意自稱日本這個國號，源於景仰中國的臣屬意識，是為了表明願意加入以中國為尊的國際秩序[62]。

改變的不只是國號而已。當時的政權制定了律令（就是現在的法律）、官僚機構，建立戶籍管理人民，還施行徵稅制度和徵兵制。教科書把這種國家體制叫做律令國家（不用特別記起來）。

當時的日本成為律令國家，與成立於明治時代的大日本帝國頗為相似。國家不再仰賴有力的豪族和地方政權，而是建立以天皇為中心的國家體制。天皇這個稱謂，也是在這個時候產生的[63]。

引用先前提到的加盟說法，等於把居住於列島的所有人民都變成員工，由位於奈良的公司管理整個日本列島。當時靠戶籍和記帳管理人民，把人民的姓名、年齡、性別、身體殘缺程度和痣的位置等身體特徵加以記錄，然後送到中央政府，中央再根據這些資料擬定稅制計畫。當時的日本已經很接近「國家」。任何資料都確實記錄保

59 土生田純之《古墳》，吉川弘文館，二〇一一年。

60 七〇三年對中國朝貢，日本這個國號對外獲得認同。至於國內何時開始自稱日本，目前還沒有定論，推測應該是六七〇年以後。

61 大津透《律令國家與隋唐文明》（律令国家と隋唐文明），岩波新書，二〇二〇年。

62 為日本國憲法是不是被美國強加而爭論不休的人們，是不是沒有想到日本的國號怎麼來的？我個人覺得好用就好，追究成立過程並不重要。

63 天皇之前是稱呼為「大王」。日本史為求方便，天皇名號出現以前的大王也一併稱為天皇。「神武」和「雄略」這種漢化的謚號，是在八世紀以後才加上去的。

存，這也是律令國家的特徵。

身為日本一員的國民，被課以納稅義務。除了收成的稻、地方的特產等都得進貢外，視情況還得義務貢獻勞力[64]。讀到這裡，大家可能以為當國民沒什麼好處，只會被課以各種義務，不過，在實施律令制之前，某些地方的領導者會隨意把人民當作奴隸使喚。律令有針對雜徭做限制，一年頂多只能要求人民貢獻六十天的勞力，用意在於限制對地方豪族的任意剝削，使國民的負擔趨於平等[65]。此外，中央派遣到地方的國司，也就是地方官員，不僅會傳達農業和醫療相關的最新資訊，還會傾聽民眾的煩惱，以宗教的方式開解大家。

這邊和大家分享一段相關記載。有位國司到地方赴任，詳細指導民眾在田間小道種植果樹，一開始受到民眾的嫌棄，但到了收穫期大家都非常感謝他[66]。而且當發生饑饉和流行疫病時，也會優先供給米給高齡者和孤苦無依的窮人。跟現代的社會保障比起來，雖然感覺很靠不住，但是能被納入日本的一分子還是有好處的。

納稅是求神保佑的延伸

不過，有個問題令人不解。人民向附近的權勢者繳稅，確實可以得到安全保障等回報。那九州或關東的人民，能夠接受向距離非常遙遠的中央政府繳稅嗎？

這可能是發揮了宗教的力量吧。在沒有科學技術的古代，只要氣候不好造成農作物歉收，人就會相繼死亡。他們只能求神保佑，而對中央繳稅，也是一種求神保佑，這樣思考或許就能說得通了[67]。在現代社會，如果宣傳「繳稅對您有利」，那人民對消費稅漲價的反彈也會變少。

有了戶籍和徵稅制度後，古代的列島居民也能意識到自己是住在一個叫做日本的國家。由於學校和教科書沒有普及於一般民眾，古代的日本人在知識上與現在的日本國民大不相同，但是對於統治者是誰、首都在哪裡，應該都算清楚。

不過，在沒有電話和網路的時代，中央政府真的可以統治整個列島嗎？答案似乎

---

64 就是日本教科書上講的「租庸調」。租是根據口分田的面積（按：六歲以上之公民，男子每人授田十一公畝，女子則為男子的三分之二）課田租；庸是繳交布匹等物代替勞役的制度；調是向王權進貢物品以示臣服。此外還有雜徭，也就是貢獻勞力，還有兵役。淺谷弘等編《日本法制史》，青林書院，二〇一二年。

65 宮地正人等編《國家史》（国家史），山川出版社，二〇〇六年。

66 由於出自國家正史《續日本紀》（続日本紀），應該多少有加以修飾，不過至少顯示地方官的理想形象，就是要盡到教化人民的職責。

67 初次收穫的稻穗要敬獻給神明，這叫做初穗貢納，一說租起源於此。調也有敬獻給神或天皇供品的宗教意涵。也就是說，天皇被賦予的宗教力量，使中央集權國家得以實現。大津透《律令國家與隋唐文明》（律令国家と隋唐文明），岩波新書，二〇二〇年。

是可以的。祕密在於鋪設全國總長達六千三百公里的道路。據說律令時代的道路是很氣派的，各地鋪設的是六公尺至三十公尺寬的巨大道路。比方說，七四〇年在九州的太宰府，有位叫做藤原廣嗣的貴族發動政變，假設距離相隔一百四十公里，要花一天就可以把消息傳到，那這個消息只要花五天就可以傳到首都[68]。

江戶時代曾發生赤穗事件（淺野內匠頭拔刀殺傷吉良上野介），消息是從江戶傳到赤穗（兵庫縣），據說上述兩者傳達消息的速度幾乎相同。騎馬的使者像跑接力賽一樣接替傳達緊急訊息，多虧有巨大的道路，使中央和地方可以保持緊密聯絡。

提到基礎建設，首都也很了不起。六九四年建造的都城藤原京，是模仿中國長安興建的棋盤狀大都市，規模約二十五平方公里，面積比日本現在的港區和品川區都還要大。還有七九四年建造的平安京，寬達三十公尺的大道竟然多達十六條[69]。以現在來看大概有九道車道那麼寬，根本不輸日本國會議事堂正門前的道路啊！

受到外在壓力而變強大

這樣強大的國家是如何產生的？只要思考一下現代的北韓問題就可以理解了。外敵環伺，國家就會團結一致。北韓一旦挑起飛彈危機，日本鷹派的政治家就會極力主張強化國力，古代也曾發生類似情況。

比日本這個國號誕生的時間稍微早一點，六六三年因為朝鮮半島的戰事，大和政權嘗到古代史上最大的敗戰[70]。當時，唐朝（中國）新羅聯軍攻打百濟，為了支援百濟，西日本全面徵兵支援朝鮮半島。根據日本的紀錄，總共徵集超過四萬位士兵越洋打仗。幾乎沒有對外戰爭經驗的日本，在該次戰役輸得慘兮兮，這對當時的唐朝來說，根本是微不足道的戰爭，但日本卻受到不小的衝擊[71]。

唐朝或新羅會不會哪天就打到日本列島？由於恐懼，列島在戰敗後，以九州為中心建立了防衛體制，同時設置了被稱作防人的沿岸警備隊，還建造了山城和堤防作為警備據點。

當時的政權領導者是否真的害怕中國或朝鮮半島進犯，我們不得而知。不過，他們確實巧妙的運用了緊張感，進一步加強中央集權[72]。

68 近江俊秀《古代日本的資訊策略》（古代日本の情報戦略），朝日選書，二〇一六年。
69 桃崎有一郎《不需要平安京》（平安京はいらなかった），吉川弘文館，二〇一六年。
70 就是白江口之戰。白江口位於韓國南部的錦江入海口，現在是非常寧靜的漁村，絲毫不見以往戰爭的痕跡。
71 對於唐朝來說，這是跟形同滅亡的百濟殘存勢力作戰，而且還是應新羅王的邀請才參戰的。
72 倉本一宏《戰爭之日本古代史》（戦争の日本古代史），講談社現代新書，二〇一七年。

首先，列島在六七〇年首次建立了全國性的戶籍，以便於管理國民。六七三年即位的王子，不再自稱大王，而改稱天皇。他在爭奪皇位繼承權的壬申之亂中，表現出足以動員數萬士兵的實力，成為了強大的王，並進一步達成自我神格化。

六八九年完成有系統的法典，六九四年興建都城藤原京，七〇一年制定正式的律令，七二〇年完成流傳至今的國史《日本書紀》。之後，更進一步正式侵略東北地區北部和九州南部，拓展「日本」的領土。

朝鮮半島一役戰敗後，經過大概半個世紀，日本終於完成中央集權體制。

三世紀左右，透過前方後圓墳在列島開啟加盟體制的集團，之後積極拓展直營店，踢走以往的合作夥伴，開始壯大自己一族的勢力，最後把列島收歸己有，還把品牌名稱更新為日本。

強大日本竟然這麼快就瓦解了？

可惜的是，這個律令國家的日本並沒有持續很久，因為這種國家體制實施起來太勉強了。

冷靜想一想，要求各地對遠在奈良的天皇繳稅或出兵，大家怎麼可能都乖乖照做？八世紀後半，各地開始不是上繳一些劣等品，就是不遵守繳稅期限，要不然就是根本就不繳。而且，在中央允許田地私有化後，地方的有力人士就開始積極開墾土地，擴大私有地。他們一開始還會乖乖繳稅，後來就要求中央允許持有免稅特區，或要求免除中央警察的管轄，使得越來越多地區脫離中央的掌控。後來還發生竄改戶籍等事，使得中央政府逐漸無法確實管理和掌控國民。久而久之，對日本失去信心的人們，就可能逃到中央管不到的區域，就連當初引以為豪的平安京大道，也都成了放牧牛馬的地方。

巨大的道路逐漸荒廢。九四〇年武士平將門戰死，消息傳達到首都的時間，居然比當年的藤原廣嗣之亂還要多出一倍。這兩世紀期間，別說技術進步，甚至還退化。

中央與地方的距離再度擴大，律令國家日本在十世紀時就崩潰大半。不過，即使日本終結了，列島上的人民還是照樣過日子。度終結的日本，是在何時再度復活？

3 中世紀開始，武家掌權，血統決定一切

古代國家的理想實在太高了。從十二世紀左右開始，來到天皇、上皇、貴族、武士和寺院神社等多方勢力並存的中世時代。這也是一個中央權力衰弱，地方蓬勃發展的時代。

舊石器、繩紋、彌生、古墳、飛鳥、奈良、平安、鎌倉、室町、戰國、安土桃山、江戶、明治、大正、昭和、平成、令和……大家在學生時代，有沒有被逼著背這些朝代區分？這樣的區分法並非沒有意義，但是對本書來說，還是太細了，本書的目標在於可以大致掌握歷史脈絡。**最簡單的時代區分法，我覺得分成古代、中世和近代就好**。這個區分法雖源於歐洲，卻很適合用來說明日本歷史。

首先，古代從七世紀到八世紀期間到達顛峰，這段時期是列島統合為一的時代。由於擔憂朝鮮半島武力進犯，日本意圖成為巨大的軍事國家。至少從理想上看來，日

本大致是團結一致的。

中世則是日本再度分崩離析的時代。根據教科書的時代區分法，相當於是鎌倉、室町和戰國時代。由於古代的野心實現不了，中世時代後，日本進入一段調適期。

近代是日本再度誕生的時代。江戶時代是準備期，明治以後，日本正式統一，並開始擴張勢力。現代人也生活在這條歷史的延伸線上。**日本歷史只要記住古代、中世和近代的大致脈絡，就不會出錯**。

治外法權相繼產生

在第三章，我們開始來談中世。我得先把話說在前頭，中世有點難懂，甚至有人形容是超難關卡的時代[73]。

我覺得上一章的古代滿好理解的，只要想成是天皇一族取得權力的歷史過程，就沒什麼大問題。不過，日本在中世曾經一度瓦解，變得分崩離析。

中世是各方勢力並存的時代。因此，很難用簡單明瞭的方式說明。我們先來了解

73 出口治明《從零開始學日本史中世篇》（0から学ぶ「日本史」講義中世篇），文藝春秋，二〇一九年。

古代是怎麼結束的吧。

不同的研究者對中世有不同的解讀，姑且就先從莊園來看好了。

根據字典的定義，莊園就是不受國家統治的私有地。為什麼私有地會與日本瓦解扯上關係？古代的日本，雖然從表面上來說，所有的土地都是國家所有[74]，但隨著國家財政的支出擴大，就勢必得拓展財源。

現在的做法，就是不顧後世，發行赤字國債，但在當時就只能開墾新田。因此，中央政府祭出一項政策：凡是自己耕種田地，就擁有該土地的所有權[75]，也就是放棄所有的土地都是國家所有的原則。

這是捨名取實的做法。即使承認土地私有，只要不放棄徵稅權，還是有利於充實國家財政，這就是中央的想法。實際上，透過掌握這些開墾的土地，也等於進一步掌控國家[76]。

八至十世紀的兩百年間，據說平均每人ＧＤＰ成長至一・五倍。雖然相當於現在最貧窮國家的水平，但農業生產量確實增加了[77]。不過，日本就是從這裡開始瓦解。

如果全國平民勤勞開墾荒地，然後像繳稅一樣上繳收成物，國家就能長治久安了吧，但是實際上卻是權勢者大規模開發土地。貴族、寺院神社和地方豪族，不斷招募附近的居民開墾土地，居民或許收到了相應的報酬，但是土地盡歸權勢者所有。

問題就出在這裡。貴族和寺院神社巧立名目，使他們開發的土地不必繳稅，也不受中央警察管轄，結果，莊園就變成一種法外治權。

現代日本雖然也承認私有土地，但還是得繳交固定資產稅和稅金，而且如果在私有土地上殺人，也得接受日本法律的制裁。這樣人家就了解中世的莊園是多麼異常的存在了吧！

不過，當時的中央政府也沒有默許這種異常。實際上，他們也多次取締違法的莊園，如此一來，地方的權勢者就開始跳腳了。

被國家權力盯上了該怎麼辦？無論哪個時代都一樣，跑去找比較有權勢的人哭訴

---

74 實際上，公地公民（所有土地與人民都歸國家所有）只是理想，一直都是由豪族和寺院掌控大片土地。本文為求方便理解，選用了瓦解一詞，其實也可以說是政權接受了現狀。詳細請參考佐藤信監修《看主題學日本古代史社會．史料篇》（テーマで学ぶ日本古代史社会・史料編），吉川弘文館，二〇二〇年。

75 具體就是七二三年的《三世一身法》和七四三年的《墾田永世私財法》。地方豪族一直以來都是任意開墾，這兩項制度剛好把他們的行為合理化。

76 八世紀究竟是律令制的瓦解過程，還是中央政府的統治得到強化的後期律令國家時期？兩派互有爭議。詳細請參考大津透《學習日本古代史》（日本古代史を学ぶ），岩波書店，二〇〇九年。

77 根據一九九〇年國際匯率換算，七三〇年平均每人GDP為三百八十八美元，九五〇年平均每人GDP上升至五百九十六美元。整個中世，這個數據大致是平穩的。高島正憲《經濟成長的日本史》（経済成長の日本史），名古屋大學出版會，二〇一七年。

準沒錯[78]！把自己的莊園進獻給中央貴族或寺院神社，再由自己擔任管理者，繼續賴在莊園，當然少不了要給貴族和寺院神社一筆孝敬費[79]。

漸漸的，戶籍管理也越來越隨便，舉九〇二年的阿波國（現在日本的德島縣）戶籍來說，竟然有超多一百歲以上人民的資料。當時的德島，應該不是什麼謎之長壽國吧？所以資料應該是捏造的。根據當時的規定，六十歲以上的人不用繳稅，他們應該是想藉這種方式逃稅。

隨著欺瞞造假的盛行，國家統治的基礎變得搖搖欲墜[80]。

唱歌唱到沙啞的上皇

國家的掌權者也從這個時期有所轉變。

以往是天皇獨大的時代，後來變成藤原氏[81]貴族大活躍的時代（九六九年～一〇八六年），以及上皇（退位天皇）弄權的時代（一〇八六年～一一八五年）[82]。

沒想到在平成時代，大家還在討論退位和上皇的問題。不過，比起極力避免出現在檯面上的現代上皇，中世上皇的表現可謂全然不同。

中世的上皇，就像是比社長還要能幹的會長。擔任天皇時，由於受限於貴族政治的先例原則，無法放開手腳辦事，等到變成上皇後，就不再管既有規則，連海外貿易都要插一手[83]。

最近有人認為中世是從上皇時代開始的，隨著權力分散，才正式開啟莊園時代。上皇的權勢來自於掌控人事權，以及握有莊園的統治權。上皇等中央掌權者剔除不合標準的莊園，同時積極准許設立大規模莊園。

雖然稍有離題，但在日本史上曾出現一位很有意思的後白河天皇，他以上皇的身

78 當今日本，也曾有記者被以準強姦罪逮捕，卻聲稱自己有強大靠山，意圖消弭罪責。

79 透過這種手法產生的莊園叫做寄進地系莊園，不過比起寄進，現在也有很多研究者把「立莊」視為中世莊園的起點。透過私領地寄進，獲得院、女院（按：是日本歷史上宣下給太皇太后、皇太后、皇后等等或擁有相等地位女性的稱號）或攝關家（按：日本鎌倉時代出自藤原氏嫡派的五個家族的其中之一）等權勢者許可而成立的莊園叫做立莊。詳細請參考鎌倉佐保《日本中世莊園制成立史論》（日本中世荘園制成立史論），塙書房，二〇〇九年。

80 導入戶籍的目的，就是中央政府要直接管理國民。此種個別人身管理在十世紀初遭遇挫折。川尻秋生《搖擺不安的貴族社會》（揺れ動く貴族社会），小學館，二〇〇八年。

81 藤原一族透過將女兒嫁進天皇家的方式享盡榮華富貴。

82 藤原氏時代採用攝政、關白官職，稱為攝關政治時期。上皇時代則稱為院政時期。

83 與那霸潤《中國化日本 增補版》（中国化する日本 増補版），文春文庫，二〇一四年。

分活躍了三十年以上[84]。適逢古代終結中世將始的亂世，他一邊在政治上運籌帷幄，一邊還致力蒐羅列島的流行文化[85]。

據說他熱衷當時最新潮的今樣（流行歌謠），甚至把聲帶都唱壞了！「不分四季，白天唱整日，夜晚唱通宵，我真想這樣」（四季につけて折を嫌はず、昼はひねもす唄ひ暮らし、夜はよもすがら唄ひ明かさぬ夜はなかりき）後白河透過這段文字，描述自己有多麼偏愛流行歌謠[86]。一年到頭，早晚都唱個不停，簡直像立志當歌手的高中生。

今樣不是什麼宮廷或寺院的正統音樂，而是市井小民喜愛的通俗音樂。在蒐羅大眾歌謠的過程中，後白河得以自由的與一般人交流。舉例來說，遊女們經常會進出宮中，這也成為中央政府重要的情報來源，遊女就是當時的流浪藝人。

即使在沒有電話與網路的時代，後白河還是可以透過傳聞來蒐集全國情報。以這點來看，後白河熱愛今樣的行為，搞不好也是一種合乎政治需求的行動！

誰是最偉大的人？

不過，要說藤原氏或歷代上皇當中，誰是否曾經成為絕對的獨裁者，答案是沒有。因為剛好在同一時代，以平氏和源氏為首的武士開始嶄露頭角。

在治安惡化的都市，警衛們手中握有越來越大的權勢[87]。其實當時也有像公務員那樣的警察組織，但是仍難以招架由少數精銳組成的凶狠群盜。時代越來越混亂，一一五六年，甚至發生了天皇對抗上皇的戰爭，接二連三的內亂當中，武士彰顯出他們優秀的軍事力[88]。

從前述戰爭爆發歷經數十年後，如同雙關語「一一九二來建立」（譯註：一一九二的日文發音近美好國家）所言，這時成立了鎌倉幕府[89]。雖說如此，也並非

---

84 生於一一二七年，於一一九二年逝去。曾被幽禁和停止院政，與平氏和源氏相互爭權奪勢，被稱為「日本第一大天狗」。

85 加藤秀俊《媒體的出現》（メディアの発生），中央公論新社，二〇〇九年。

86 後白河院《梁塵秘抄》，角川ソフィア文庫，二〇〇九年。

87 桃崎有一郎《京都的誕生》（「京都」の誕生），文春新書，二〇二〇年。

88 一一五六年發生保元之亂，這是後白河天皇與崇德上皇的戰爭，也是藤原家兄弟武力相向的戰爭。得力於平清盛和源義朝的軍力，最後是由後白河天皇獲勝。

89 鎌倉幕府的成立年分有多種說法。一一八〇年說，主張從源賴朝在鎌倉建立勢力開始。一一八五年說，主張從獲准設置守護、地頭（幕府任命的地方官）開始。一一九二年說，則是主張從源賴朝被任命為征夷大將軍開始。甚至還有人主張一二二一年說，也就是從統治權拓展到西國開始。以上已經這麼多說法，我覺得沒有必要再追究成立年分在何時了吧？

一口氣就開啟了武士時代[90]。

這就是中世困難的地方啊！**古代史的主角是天皇**，所以只要敘述他們的故事，就大致是在講日本史。但**中世卻沒有唯一的掌權者**（或許正因為如此，這個時代才有這麼多粉絲吧）。雖然在十二世紀後半鎌倉幕府成立，十四世紀成立了室町幕府等武家政權，但天皇家和貴族們的勢力仍舊不容小覷。

比方說，室町幕府解決不了的政治問題，甚至還得委請天皇聖斷。那是發生在一三六九年的事，在這段時期，幕府非但沒有手握最高權力，甚至連京都的市政權也無法充分掌握[91]。而且，寺院和神社的宗教勢力也不容小覷。他們擁有全國據點，可以掌控重要資訊，甚至擁有自己的獨立軍隊。

織田信長有名的火燒比叡山事件，顯示比叡山延曆寺其實是擁有強大武力的武裝集團[92]。實際從歷史來看，比叡山確實好幾次都成功左右了政權的方針。由此可知，中世的核心不是單一的。

小政府時代

不過，與古代相比，中世其實有許多讓現代人一聽就懂的要點。例如，日本人超愛討論家世和出身。就像日本政治的世界有小泉家和中曾根家，世襲的人都備受推崇。人們慣用的政界名門世家，指的就是具有優秀血統的政治人物。人們往往只以血統和家世判斷一個人。

像這種**把「家」與工作聯想在一起的觀念，便是從中世開始**。男系繼承，以及重視父子關係的家制度，也是從中世開始[93]。家制度的成立，也有利於國家運作。

有一種叫做「官司請負制」的制度，就是由特定的家，負責特定技能或職務。古代由官僚處理國家工作，到了中世，變成由家來處理國家業務。歷史學者磯田道史[94]

---

90 如果把武士定義為以武力治理地區的人，那古代的豪族也算是武士了吧（領主制論）。也有很多人認為，由國家任命的軍事貴族就是武士的起源（職能人論）。詳細請參考關幸彥《武士的誕生》（武士の誕生），講談社學術文庫，二〇一三年。

91 伊藤正敏《不被支配的中世》（無縁所の中世），ちくま新書，二〇一〇年。

92 除了織田信長外，足利義教、細川政元也都曾火燒比叡山。

93 古代也很重視血統，不過在社會制度上比較重視「氏」。「氏」就是信仰共同祖先（祭祀相同的氏族神）的集團。藤原氏的例子就很容易理解，他們的地位不是由父傳長子，而是由藤原氏中競爭勝出的人繼承地位（吳座勇一《邀請日本中世》（日本中世への招待），朝日新書，二〇二〇年）。

94 被拍成電影的《武士的家計簿》，還有《殿下萬萬稅》都是他的成名著作。他經常在自我介紹的時候，爆料自己在三十五歲結婚前都還是處男。

把這個系統比喻為「家元制度」[95]。

天皇對各家指定「你們家就管軍事」、「你們家就管學問」，將特定工作指派下去。天皇家之所以採用官司請負制，是因為這套制度幾乎不用花錢就可以維持國家的運作，不過，這套制度也讓各家得以透過世襲壟斷特定工作。承蒙天皇欽點的家系，由於權威加身，變得更容易累積財富。

由於實施官司請負制，中世可以說是「小政府」時代。京都的天皇家或貴族如果是小政府的話，那麼與他們並存的鐮倉幕府和室町幕府也是小政府。

小政府是小到什麼程度？就拿鐮倉幕府來說好了，鐮倉幕府既無法做好社會基礎建設，也無法對列島居民提供福利，勉強力所能及的，就是在統治權的範圍內審理案件[96]。但是正如日本流傳至今的諺語：「獄前死人，不申訴就沒辦法調查」，就算發生殺人事件，如果當事人不申訴，就不會被當作刑事案件處理，這也是為什麼中世會被認為是人民必須自力救濟的時代。

中央政府如此沒有作為，人民不就很辛苦？似乎也不全然如此。從國家的角度來看，中世是日本瓦解的時代。但從另一個角度來看，也是民間力量大爆發的時代。

國家力有未逮的部分，各地區就以各自的方式發展。以往透過徵稅和莊園制，地方生產的東西都集中在京都的貴族和寺院神社手中。整個國家，就屬中央最富裕。不過，當中央不夠力了，生產物就會留在當地[97]。資本的累積，促進了產業發展。但不是中央變弱，地方就會自己發展起來，其中也有技術進步，和社會成熟的因素在內。

平民百姓大活躍

中世時代，原本散落各處的小村莊，逐漸集結成大村落，農業因此逐漸邁向集約化，同時耕種稻和麥的「二毛作」也開始普及[98]。隨著鐵製農具和畜耕的普遍化，農

95 豬瀨直樹、磯田道史《明治維新也改變不了的日本核心》（明治維新で変わらなかった日本の核心），PHP新書，二〇一七年。

96 朝廷有公家法，幕府和當地領主有武家法，莊園領主有莊園法。發生在莊園和皇室領地的訴訟，鎌倉幕府原則上是不管的。不過，如果一方的當事人是幕府管轄的人，幕府就會受理訴訟，但裁決準則會視情況而定，不會全然依照幕府法（淺古弘等編《日本法制史》，青林書院，二〇一〇年）。

97 並非只因為莊園制的退化。室町時期，雖然貴族和寺院神社擁有的莊園變少了，但是武家所屬的莊園卻變多了。這些武家大都像貴族一樣住在京都，因此有研究者認為，這和以往的莊園制相比，並沒有產生結構上的改變（榎原雅治《室町幕府和地方社會》（室町幕府と地方の社会），岩波新書，二〇一六年）。

98 一二六四年的御教書記載，鎌倉幕府對備前、備後兩國的御家人，下達禁止麥的年貢徵收。這個麥指的是在秋天割稻後，冬天播種的麥。

業的生產力也有所提升[99]。

中世後期，領主和農民們共同興建蓄水池和水渠，並用水車來灌溉。民眾可以吃飽後，社會開始有餘力發展手工業，農業以外的產業也開始興起。農作物和手工藝品一開始都只是為了供給權勢者而生產，但隨著生產力的提升，除了供自己吃用以外還可以剩下很多，正好可以拿來做買賣。再稍微動動腦筋，有些人就開始接單生產，或是配合市場需求製作商品。農作物和手工藝品開始在市場流通後，商業也變得活絡。

中世後期，開始出現飛驒餅、丹波栗、越中紡織等各地特產。當時雖然全國都有生產絹織品，但是品質還是比不上中國（明朝）進口的高級絹織品，於是京都西陣地區開始發憤圖強，為當今的西陣織打下基礎。

中世時代，隨著地方漸趨成熟，買賣交流也越來越發達。就國家而言，日本在當時並不是單一政權，但是列島卻有一體化的趨勢。

當時，被稱為行基圖的日本地圖廣為流通[100]。這個地圖以平安京的某山城國為起點，再把前往列島諸國的路徑標示出來。這個地圖很簡略，把列島畫得像番薯，不過至少讓人民對列島的各個區域有了大致想像。

當時的印刷技術並不普及，但是應該已經有不少人對列島的形狀有模糊的概念。雖然在中世時代，日本的狀態是瓦解的，但是中世人應該比古代人更具有明確的「日本人」意識。

農民們的生活革命

我寫了一堆中世的優點，一定有人會抗議說：「這個時代也有窮人吧！」雖然就像「受惠於經濟學的只是部分有錢人吧！」所講的一樣，但到了中世時代，平民的生活品質確實有所提升。

挖掘中世的遺跡時，從平民家也發現到漆器的木碗和木盤，還有各地生產的陶器，甚至發現中國產的瓷器，這是因為由中央政府掌控貿易的時代結束，使大量的中國製品流通到日本的關係。

從中世的平民家中能發現鐵鍋和研磨缽，由此推知新的料理方式已經普及，古代的平民只有土製食器及做飯用的甕而已，相較之下，中世的平民生活已經大為改

99 阿部猛《研究入門 日本的莊園》（研究入門 日本の荘園），東京堂出版，二〇一一年。

100 行基是活躍於七至八世紀的僧侶。他廣泛參與社會貢獻活動，很受民眾愛戴。據傳行基圖的作者就是他，但沒有明確的證據。

善[101]。服飾上也有改變，以往的農民大都身著麻製衣服，睡覺也就是在地板鋪稻草，然後鑽進稻草裡睡。

十六世紀時棉花廣為栽種，人們才開始使用填入棉花的溫暖衣物和棉被。棉花不只手感好，保暖性佳，又方便洗濯。一開始只是經由朝鮮貿易少量進口，直到中國產的棉開始進口後，日本終於也開始栽種棉花[102]。隨著棉花的普及，農民的死亡率也跟著下降。同時，塌塌米也廣為使用，多數人終於可以享受像樣的生活。

中世沒有近代那樣的學校制度，而是由寺院擔任教育機構，這就是寺子屋（見第九十四頁）的原型。他們有一種叫做圖畫講解的教育方式，就是透過圖畫，向民眾說明宗教經典。

後白河喜愛的今樣，有時也具有教育意涵。比方說有一首歌是這樣的，「大師們的住所在何處？傳教大師慈覺在比叡山橫川的寺廟，智證大師在三井寺，弘法大師在高野山」，透過哼唱這些歌詞，就可以記住全國的寺廟和其地理位置[103]。

傳唱今樣的都是一些周遊列島的遊女和白拍子（按：平安時代和鎌倉時代的日本女藝人）。雖然當時的識字率很低，但是透過這種口傳方式，居住在各地的村民也可以藉此得知列島的樣貌[104]。

氣象異常引發亂世

中世時代雖然亂，人民卻很活躍，使得各種文化大放光彩。而氣候的異常，使這段時代邁向終結。

十四世紀中至十五世紀初的氣候都相對溫暖。根據某位研究者的推論，一二八〇年的列島人口有五百九十五萬人，一四五〇年則增加到九百六十萬人，這是繼繩紋、古墳時代後的第三次人口增加期[105]。

有人說室町時代是最好的時期，這個時期氣候溫暖，有利於社會發展，列島的人

---

101 藤尾慎一郎、松木武彥編《從這裡開始有所改變！日本考古學》（ここが変わる！日本の考古学），吉川弘文館，二〇一九年。古代也有生產漆器，但都是貴族和寺院專用。

102 平安時代也有嘗試栽培棉花，但是沒有普及。朝鮮半島從十三至十四世紀開始栽種棉花和製造棉製品，十五世紀初開始，棉花透過走私進口到日本。增田美子編《日本衣服史》，吉川弘文館，二〇一〇年。

103 現在也有偶像團體桃色幸運草Z，她們把全國四十七都道府縣的名字和特產唱成歌曲，歌曲名為〈桃草的日本萬歲〉。

104 説到口傳文學，琵琶法師的《平家物語》最廣為人知。一群男性盲人組成叫做當道座的藝人團體，試圖獨占著作和演奏的智慧財產權。在中世就已經有像現今日本音樂著作權協會（JASRAC），那種有點討人厭的著作權團體了。

105 田家康《看氣候讀懂日本歷史》（気候で読み解く日本の歴史），日本經濟新聞出版社，二〇一三年。

口也增加許多。不過到了十五世紀前半，地球開始進入太陽活動低落的史波勒極小期（地球氣候比平均溫度低），日本也遭遇世界性的小冰河期。

一四二〇年以後，由於頻繁的冷夏（氣溫偏低的夏天）和連續降雨，日本不斷發生全國性的重大飢荒。更雪上加霜的是，日本還接連發生山崩、洪水、瘟疫等各種天災。全國頻繁發生農民武裝起義，使列島的情勢越來越混亂。

一四六七年，京都發生應仁之亂[106]。其實在那之前，京都街道就因為氣候異常和飢荒而民不聊生。根據一四六一年的紀錄，有位僧侶想要祭弔餓死之人，準備了八萬四千座卒塔婆（墓牌），結果竟只剩下兩千座，表示當時至少八萬兩千人餓死。民眾當然把矛頭指向室町幕府，但是當時的將軍很狀況外，還想把他的花之御所修建得更豪華，最後連天皇也看不下去，對他加以指責。

就這樣，室町幕府完全喪失統治能力，戰國時代因此揭開序幕。

戰國時代偶爾會被描寫得很浪漫。美男子大名（按：日本封建時代對一個較大地域領主的稱呼）們用男人的浪漫來統一天下。NHK大河劇也經常以戰國時代為題材，也有很多諸如《信長之野望》、《戰國 BASARA》等以戰國時代為背景的人氣遊戲。

如果你想生在戰國時代，我勸你還是不要吧。因為**戰國時代充滿戰爭和飢荒**[107]**！**

根據某寺院的埋葬紀錄，數十年發生一次大飢荒，加上每年冬天到春天的死亡人數，簡直多到不計其數。人們大都捱不過沒有糧食的寒冷冬天而死去。

戰國時代，如同字面意思，內戰不斷，而且還長達一百年以上。這些戰爭如果像戲劇和遊戲那樣，只是大名和士兵的戰爭倒還好，實際上連耕地都成了戰場，民眾的房子被燒毀，物資也被掠奪一空。人口販子還會擄人，把人賣到奴隸市場。這些受害者變成奴隸，多數都被派往戰場[108]。因此，戰國大名的主要職責，就是保障居民的安全。好的大名會確保糧食，在危急時刻保護人民，這其實一點都不浪漫吧[109]。

當然，在古代時就有飢荒和戰亂。有研究指出，其實十六世紀已經比較少發生飢荒，推測農業生產量也有所增加[110]。在各地戰國大名的努力之下，就算偶爾遇到氣候

---

106 詳細請參考吳座勇一《應仁之亂》，中公新書，二〇一六年。應仁之亂後，以京都為中心的政治秩序崩解，地方的戰國大名開始嶄露頭角。他們大都是室町幕府底下握有警察權的地方官或是代理人。

107 黑田基樹《從百姓視角來看戰國大名》（百姓から見た戦国大名），ちくま新書，二〇〇六年。

108 藤木久志《前往戰國》（戦国の村を行く），朝日選書，一九九七年。

109 其實也有很多悠哉的戰爭。打完仗後從大白天就開始喝酒，並找來專業的藝人表演狂言（按：日本戲劇的一個流派）。雖說是打仗，但幾乎都是前線的足輕（步兵）小打一下就結束了。山田邦明《戰國的動力》（戦国の活力），小學館，二〇〇八年。

110 高島正憲《經濟成長的日本史》（経済成長の日本史），名古屋大學出版會，二〇一七年。

異常，人民也算還能活下去。

日本一度在天皇的統治之下，勉強稱得上統一，但到了中世卻又弄得分崩離析。列島之後究竟又要怎樣發展？我們接著看下去。

4 江戶時代，有吃有喝還能到處玩

從十七世紀開始，日本的局勢再度和緩，來到了江戶時代。隨著開墾新田，稻作真正達到全面普及。雖然實施身分階級制度，人民的移動自由也受到限制，但是大眾旅遊（mass tourism）的趨勢已經逐漸萌芽。

本書也已經來到第四章。用立命館亞洲太平洋大學校長出口治明的日本史來比喻，就好像才剛在介紹高床式倉庫（按：類似干欄式建築）或是卑彌呼，一轉眼竟已來到了戰國時代。

某次，我去了福岡市博物館，當時明明是白天卻大排長龍[111]，而且大都是年輕女性。循著隊伍看過去，這些年輕女性的注目焦點，似乎是黑田家名寶展示中，一支名

111 福岡市博物館存有漢委奴國王金印等文物。博物館監修的金印復刻商品，含稅售價四萬零七十日圓。

為壓切長谷部的刀，還有與遊戲《刀劍亂舞》合作企劃的商品[112]。《刀劍亂舞》是一款人氣遊戲，玩家操控由日本刀化身的美男子們，與敵方陣營戰鬥。基於這種設定，日本國內的博物館藉機舉辦了合作企劃。

日本刀的魅力似乎連年輕女性都無法抵擋，但實際上，日本刀在戰場上從來都不是主力武器，因為它的殺傷率連一成都不到。不要說弓箭了，連投石都比它強[113]。

從戰國時代開始廣泛使用日本鐵砲（火繩槍），最後也因為它而結束了戰國時代。一五四三年前後，鐵砲偶然從歐洲傳到了日本，一開始是作為彰顯權威的禮物致送給權勢人士，後來逐漸被用於大名之間的戰爭。天正年間（一五七三年～一五九三年），鐵砲的使用率開始爆炸性增加[114]。

比起弓箭和日本刀，鐵砲的威力確實很大，不過為何鐵砲有足以終結戰國時代的力量？祕密就在於，鐵砲擁有能夠突破敵人防守的破壞力。在鐵砲普及之前，各地的權勢者在日本建立了無數的山城[115]。這些山城據傳有數萬之多，就連小村莊的領主也會建立自己的山城。只用弓箭就想攻破這種山城，是非常困難的。弓箭這類武器，要在高

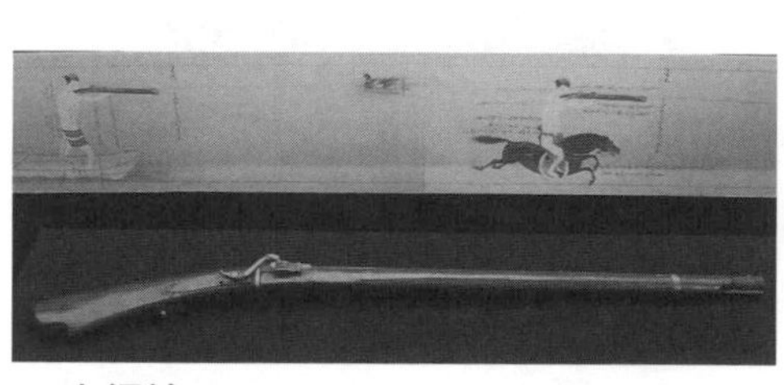

▲ 火繩槍。
資料來源：維基百科，Leonard G.

處使用才比較能發揮效用，如果在城壁上設置射箭孔，則更有利於固守城池。

不過，隨著鐵砲的使用率提升，攻城就變得簡單多了，而且在鐵砲普及的時代，戰爭就是看彼此擁有的鐵砲數量取勝。如果只有一、兩支，當然贏不了擁有五千支鐵砲的軍隊。因此，日本國內的大名們都費盡心思到處蒐羅。當時如果鐵砲裝備不到位，直接就會影響戰爭的勝敗。

最有名的例子，就是發生於一五七五年的長篠之戰（按：織田信長德川家康聯軍對戰武田勝賴軍）吧！日本小學的教科書也都大大的提及這場戰役。東京書籍的《新社會》（新しい社会）中，也跨頁刊載長篠合戰屏風圖，並強調鐵砲就是左右織田德川聯軍與武田軍命運的關鍵因素[116]。

仔細想想，古代的天皇統一日本的時候，當時最新的冶鐵技術也發揮了極大效

---

112 正式名稱為《刀劍亂舞—ONLINE—》，於二〇一五年發行，也被製作成動畫和舞臺劇。

113 加來耕三《刀的日本歷史》（刀の日本史），講談社現代新書，二〇一六年。

114 宇田川武久《鐵砲傳來》（鉄炮伝来），講談社學術文庫，二〇一三年。

115 豬瀨直樹、磯田道史《明治維新也改變不了的日本核心》（明治維新で変わらなかった日本の核心），PHP新書，二〇一七年。

116 《新編 新社會6（上）》（新編 新しい社会6（上）），東京書籍，二〇一五年。

用。他們取得權力的主因在於獨占鐵，鐵能製成強力的武器或是農具（第二節）。

戰國大名們競逐天下的淘汰戰正式開打，日本再度邁向統一的局勢[117]。

在戰亂時代求倖存

國家的本質就是獨占暴力，這點古今皆同。

日本規定在領土內禁止殺人，也不得持有武器。不過還是有例外。公務人員在工作上可以執行死刑，也可以攜帶槍械。因為只有國家才可以合法殺人和獨占武器。

國家把黑道視為眼中釘，這是因為他們兩者在本質上是相同的。假使容許黑道擁有殺人的權利，或是合法持有武器，那他們不就像是一個國家了嗎？日本國作為統治日本的唯一主體政權，豈會容許小國林立。

只要國家高層不要太超過，這種規定可說是一種安全機制。要是國民可以持槍，還可以任意殺人，應該沒人想住在這吧。

「心情不爽就在路上隨機殺人」、「餐飲店店員態度不佳就把他打死」、「看到年輕男性坐在博愛座上，生氣動手殺人未遂」，如果這樣的事件層出不窮，社會就會動盪不安[118]，而戰國時代就很接近這樣的無秩序狀態。

十五世紀時，鐵製農具已經普及，這對百姓而言，也可以說是一種武器。百姓們飽受沒有糧食之苦，為了生存只得團結起來，時不時就向大名展開武力抗爭[119]。而且每座村莊都有自己一套村規，村民如果違規，就會被處刑或是流放[120]。村與村之間，有時也會因為水源的使用爭議爆發武力衝突，據說就連高齡八十幾歲的老人和女性也會加入爭鬥。

在現代社會，遇事我們可以通報警察，或是訴諸仲裁，但是當時的糾紛，幾乎都是靠當事人透過武力解決，堪稱是危險又動盪的時代[121]。如果糾紛演變成全體戰爭，最後可能也只會搞得兩敗俱傷吧。當時的人也懂這個道理，因此，為了化解紛爭，周

117 這裡的天下，原本指的是以京都為中心的近畿區域，不過從豐臣秀吉政權的後期開始，到江戶時代初期，天下所指的已經是日本全國了。豐臣秀吉本身也不說天下，他直接把日本全國稱為日本，或是日本六十餘州。藤井讓治《從戰國亂世到太平盛世》（戦国乱世から太平の世へ），岩波新書，二〇一五年。

118 這些鬧上新聞的特殊殺人事件，都是發生在現代日本真實社會。根據一九五五年的紀錄，有兩千一百一十九人死於他殺，到了二〇一九年，死於他殺的人數減少至兩百九十三人。日本厚生勞動省〈人口動態統計〉。

119 黑田基樹《從百姓視角來看戰國大名》（百姓から見た戦国大名），ちくま新書，二〇〇六年。

120 藤木久志《中世代人民的世界》（中世民衆の世界），岩波新書，二〇一〇年。

121 現代社會也會因為農業用水發生糾紛。比如在一九六七年日本千葉縣的木更津市，就曾發生農民因為爭奪灌溉用水互相傷害。加害人持刀砍傷被害人，導致被害人臉部縫了五針（「爭奪灌溉用水的傷害糾紛」《朝日新聞》一九六七年六月三日）。農業用水的糾紛被稱為「水論」，這個詞彙甚至成為日本夏季的季語之一。

邊的村莊偶爾也會介入調停，尋求折衷的解決辦法。

我特別介紹一個滿有意思的用水糾紛事件，這起事件發生於一五六〇年代的近江國甲賀郡（現在的滋賀縣）。由於這起武力衝突鬧出人命，最後是由鄰村的長老們下達裁決。他們決定因循先例，除此之外，又對其中一方村莊施以下列處罰：

- 名主們（地主）[122]要各自破壞自家的櫓門或是內門，並放火燒掉。
- 名主們要剃光頭，身穿黑色袈裟扮成和尚模樣，前往對方的村莊，然後在神社的鳥居前謝罪。
- 燒毀三十戶房子。

所謂櫓門或內門，對於村莊的名主而言，等同於權力的象徵。因此櫓門或內門被燒毀，還有被迫剃光頭謝罪這種事，可以說是無比屈辱。順帶一提，把房子燒毀，還有流放，都是當時很常見的刑罰。不過，也不是所有村莊都會老實服從判決。遇到這種情況，附近的村莊就會揚言要與該村莊絕交，藉此施加壓力。

亂世中，獨裁統治也聊勝於無

一個時代如果沒有出現絕對的掌權者，社會就容易動盪不安。回顧以往的人類史，我們會發現比起獨裁，無政府狀態更容易發生大量的殺戮[123]。像阿道夫．希特勒（Adolf Hitler）和薩達姆．海珊（Saddam Hussein）這類的獨裁者，確實殺害了不計其數的無辜人民。不過一般來說，比起殘虐獨裁者統治的國家或時代，俄羅斯的動亂時代、中國的國共內戰，以及墨西哥革命等，這些沒有絕對掌權者的時期，其死亡人數更是驚人。

戰國時代宣告終結的原因，就是出現了權勢者獨占暴力。豐臣秀吉達成天下統一的霸業後宣布停止對抗令，禁止村民武力抗爭，並在一五八八年發布刀狩令，禁止農民持有刀械。

有趣的是，這個命令不是派官員到村中逼迫村民交出刀械，而是要求農民自己負

122 所謂名主，就是處理村落的年貢和公務的村落權勢者。隨著時代變遷，其負責的職務也會有所改變，但在這裡理解成村落的領導者即可。

123 馬修．懷特（Matthew White）《殺戮世界史》（殺戮の世界史），早川書房，二〇一三年。蒐羅人類史上眾多暴行的恐怖書籍。

責收繳武器。因此實際上，刀狩令並沒有達到完全解除武裝，刀狩令沒收的範圍集中在刀具和腰刀，多數村落即使到了江戶時代也仍持有鐵砲[124]，據說總數還比大名持有的多。

不過，農民雖然會用鐵砲驅逐野獸，但不曾用來武裝抗爭。在江戶時代，全國也發生過好幾次起義，真要說起來，要抗爭直接用槍就好了，不過農民們並沒有這麼做，應該是他們自我約束所致，可能他們也不想再重演戰國時代那種亂世。

擁有殺傷性器具，與直接拿來當作武器使用，這兩者不能相提並論。比方說，現在日本光是有正式登記的日本刀，就約有兩百四十五萬把，而散彈槍則有三十萬把[125]。如果這些都拿來當作武器使用，日本應該馬上就會變成殺戮之國。然而為什麼沒有發生這種狀況？因為比起實際解除武裝，人們已經從心理上解除武裝，不會隨意濫用武器了。

頗為國際化的戰國時代

氣候異常開啟了戰國時代，許多人捨棄作物歉收的村落，為了存活毅然成為士兵。不過在一五九〇年，關東的戰國大名北条氏覆滅後，當地就不再有戰事，同年更頒布浪人停止令（按：除了在農村的武家定期出仕的人以外，驅逐帶有裝備的農民雜兵出村），村落的傭兵因此遭到驅逐。

這些靠戰爭維生的士兵究竟何去何從？其中一個去處，就是成為大型公共事業的作業員。當時，以大坂（大阪原名「大坂」）築城為首，開始興起修建城和城下町的熱潮，同時也陸續進行排水開墾和治水等大型事業。

此外就是出兵朝鮮。豐臣秀吉完成天下統一的大業後，在一五九二年至一五九八年之間曾嘗試出兵攻打朝鮮（中間曾有休戰）。豐臣秀吉的軍隊實際上有十六萬人。

出兵動機眾說紛紜。歷史學者藤木久志認為，這是因為要紓解國內戰場過多的精力，所以利用出兵朝鮮製造一個宣洩口[126]。實際上，當時列島內的武裝解除與攻打朝鮮半島，兩者策略是並行。

豐臣秀吉死後，日本就不再對朝鮮出兵，有不少士兵因此跑到東南亞去當傭兵。

---

124 與其說刀狩令是單純的解除武裝政策，不如說是為了禁止百姓帶刀的身分制度政策。詳細請參考平井上總《真的兵農分離了嗎》（兵農分離はあったのか），平凡社，二〇一七年。

125 河合敦《再不久就將改變日本史教科書》（もうすぐ変わる日本史の教科書），KAWADE 夢文庫，二〇一七年。

126 藤木久志《新版 一般士兵們的戰場》（新版 雑兵たちの戦場），朝日選書，二〇〇五年。

現在很少見活躍於海外的日本傭兵，所以當時的時代，真是令人意外的很國際！

根據記載，一五九九年西班牙的馬尼拉總督，很憂心那些曾赴朝鮮打仗的十萬日本兵，會不會鎖定菲律賓當作下一個賺錢場所。實際上在當時的菲律賓，有不少日本兵出身的人從事森林砍伐和土木工等勞力工作。馬尼拉總督十分忌憚這些人的武力。

另一方面，在東南亞，日本人傭兵也被當作廉價勞力，主要用於掠奪殖民地、鎮壓內亂，以及保護貿易船。根據記載，一六一五年馬尼拉總督為了攻打荷蘭軍隊，曾招募五百名日本傭兵，但是因為這些傭兵過於殘暴不可控，所以中途就開除他們了。

「日本人很拘謹內向」，這根本只是片面的刻板印象！換個角度來說，這也是因為當時日本的時空背景，與現今差距甚大所致。戰國時代就是個名副其實、充滿暴力的戰亂時代。

江戶時代人口激增

江戶幕府也沿襲豐臣秀吉的和平政策，致力於解除民眾的武裝。進入江戶幕府時代後，農民們仍然不時與附近的村落爆發武力衝突，幕府對這些村落的武力爭鬥加以懲戒，同時苦心引導他們以訴諸仲裁的方式和平解決爭端[127]。但其實江戶幕府本身也沒有馬上就換成和平統治模式。江戶時代初期，幕府還是依靠暴力統治民眾，百姓起義往往落得滅村的下場[128]。

發生於一六三七年的島原之亂（按：因高壓政治、重稅等而爆發的內亂），十二萬鎮壓軍殘殺了無數居民。雖然平息了起義，但是島原、天草一帶卻變得荒蕪，稅收因此銳減。幕府終於發現事情大條，殺了太多居民，就收不到年貢，武士們就得喝西北風。經過這次島原之亂，江戶幕府終於放棄暴力血腥的「武斷統治」，太平之世的江戶時代才終於到來。

江戶時代開始的一六〇〇年左右，人口推測約一千五百萬人，到了一七二一年，人口增加到三千一百二十八萬人[129]，才過一百年，人口數就增加超過一倍。

127 田家康《看氣候讀懂日本歷史》（気候で読み解く日本の歴史），日本經濟新聞出版社，二〇一三年。

128 磯田道史《德川家康所打造的先進日本》（徳川がつくった先進国日本），文春文庫，二〇一七年。水戶藩領國內的生瀨鄉，農民們對年貢不滿而殺害了地方官員，因此遭到水戶藩報復。藩對這起事件並沒有留下官方紀錄，但根據生瀨村世家流傳的古文書記載，當時的村民被屠戮殆盡，犧牲人數達五百五十人。

129 鬼頭宏《從人口來看日本歷史》（人口から読む日本の歴史），講談社學術文庫，二〇〇〇年。江戶時代初期的人口數，並沒有可靠的資料可供參考，大都認為約在一千萬人至一千七百萬人之間。江戶幕府從一七二一年開始實施人口調查。

雖說已經進入和平時期，但為什麼人口能夠增加這麼多？如果說是因為戰爭變少，那古代不是也有和平時期嗎？而且十七世紀的氣候也不算很好。十六世紀後半至十七世紀初，處於兩個小冰河期中間，雖然酷寒的氣候稍有緩解，但到了十七世紀中葉，又進入太陽活動低潮期，世界各地都出現異常氣候。

列島也因為氣候不佳飢荒不斷。尤其是一六四〇年至一六四三年間發生的寬永大飢荒，至少餓死了五至十萬人，之後還發生過多次大飢荒，但是江戶幕府都沒有被推翻，也沒有再次開啟戰國時代。人口增加的原因，應該要歸功於結婚率與農業生產力的提升。

「以前的人都很早結婚，然後生很多孩子。」或許很多人都是這樣想，其實在十六世紀以前，農村有很多人一輩子都無法結婚，因為結婚是繼承家業的長男獨有的福利，如果不是嫡系長男，根本就不可能結婚然後自立門戶。不過，隨著新田的開墾，長男以外的家庭成員也終於可以結婚並自立門戶。也就是說，以往沒有結婚自由的農民，終於也可以擁有配偶並自立經營農家，這個社會終於實現了讓多數人在一生中至少可以結一次婚[130]。

農家變多，對施政者來說也是好事。江戶時代的水田耕作十分費工夫，在複雜的地形實施水田耕作時，要想辦法把水維持在水平狀態[131]。這麼多形狀不一的水田，比起一個大集團，由眾多小型家族管理會更好。

人民能夠管理自己的田地以後，整個環境終於有利於人們生存下去[132]。列島的居民在列島定居，已經約有一萬年以上，但開始種稻是在約過了兩千六百年以後。所謂自由，也意味中世是非常沒有制約的時代，農民可以自由持有武器，也可以自由打鬥。最經典的例子，就是出身地位低的豐臣秀吉完成了統一天下的大業。

不過，自由與危險往往只有一線之隔。自由與安定難以共存，自由中帶危險的中世延續了約五百年，終於畫下了休止符。

江戶是黑暗時代嗎？

在第三章，我說時代區分只要簡單明瞭的分成古代、中世和近代就好。不過，日本史通常把江戶時代稱為「近世」。中世和近代之間，英語會用「early modern」來

130 十六世紀末有兩百二十萬公頃的耕地面積，一七二一年增加到兩百九十六萬公頃。由於人口增加的速度極快，使農業生產力急遽提升。

131 目前日本也是小規模農業，無法像美國那樣實施大規模稻作，因此被認為國際競爭力不足。

132 與那霸潤《中國化的日本 增補版》（中国化する日本 増補版），文春文庫，二〇一四年。

表示，意思就是近代早期或是近代前期。

為何不把江戶時代稱為近世，而是用近代早期？這其中牽涉到一點流派鬥爭。

首先，有些人認為江戶時代是荒唐無比的黑暗期，實施明治維新後，日本才一口氣邁向先進文明。這些人不願意把江戶和明治歸類在同一個近代，所以傾向使用近世一詞。從另一個角度來看，假使江戶與明治之間沒有出現大斷層，那就應該都稱為近代才對。我先跟大家表明，本書的立場傾向於後者[133]。

當然，江戶與明治之間確實差異很大。比方說，江戶時代的國家，現在是用藩來稱呼[134]。約兩百八十個國家統治各個區域，**江戶幕府是管理這些聯邦國家的主體，被稱為天下或公儀**。

藩（國家）並沒有很聽幕府（天下）的話。原本幕府只允許流通金銀銅幣，卻有藩自作主張發行紙幣。發生飢荒時，基本上也是由各個藩自己想辦法處理。這與意圖中央集權的古代日本，以及明治日本的治國型態大不相同。而且幕府和藩只會勤於徵收年貢，他們致力於改善財政，絲毫沒想過要為人民提供福利。年貢等同於地租，幕府是房東，農民就像房客一樣要付租金[135]。

當時國境的範圍與現在的日本不同，觀念也不一樣。當時的松前藩活躍於蝦夷地（北海道）一帶，他們只是把愛奴人當成交易對象而已。借用社會學家加藤秀俊的話，松前藩就是「寄生在北海道南端海岸一帶的利益集團」。此外，琉球王國雖然歸於薩摩藩統治，但也並非日本的領土。當時並沒有嚴密的國境線。

光從統治體制來看，江戶與明治之間好像有很大的落差，不過，如果著眼於人民的生活，卻可以看到一些近代早期的影子。

江戶時代實施士、農、工、商的身分制度，平民沒有選擇職業的自由，也沒有改變的權利。在日本，學校幾乎都是這樣教。不過，現在的教科書已經幾乎看不到士、農、工、商等字眼了。這並不代表江戶時代沒有實施身分制度。某本教科書是這樣寫的：「江戶時代的社會，武士是統治者，其他還有百姓和町人（商人、職人）等各種身分的人。[136]」當時的情況，並不是士、農、工、商，士為最高階層，農為第二階層那麼單純。

133　本書的江戶時代觀，深受加藤秀俊《媒體發展》（メディアの展開，中央公論新社，二〇一五年）的影響。

134　藩，指的是江戶時代大名的領地及其統治機構。明治時代以後，才廣泛使用這個名稱。

135　磯田道史《德川家康所打造的先進日本》（徳川がつくった先進国日本），文春文庫，二〇一七年。一七八二年發生天明大飢荒以後，這個政策就有所改變。

136　《新編　新社會6（上）》（新編　新しい社会6（上）），東京書籍，二〇一五年。「有別於百姓和町人，在身分上被嚴重差別待遇的人們」，教科書在提到這些被差別待遇的階級時，刻意不用專有名詞。

江戶時代確實有武士、百姓和町人等階級。不過，到了江戶時代後期，開始出現「金上侍」一詞——藩用金錢買賣武士的身分。某些武士甚至落魄到必須出賣身分，也有武士放棄自己代代相傳的武家身分，跑去開越後屋（商店）並大獲成功。

當時的人口移動受到管理。由於領地居民上繳的年貢，是幕府和藩的基本財源，所以人民的遷移被盯得很緊。不過當時的制度，有點像是現在的護照制度[137]。現代日本人雖然不能隨便就跑到中國或美國，但是如果持有護照並完成必要手續，就可以跨越國境。江戶的人民也一樣，往返列島內倒也頗為自由。尤其江戶中期以後，平民興起旅遊熱潮，**從世界的角度來看，日本算是比較早進入大眾旅遊時代的國家**[138]。

伊勢神宮是當時的熱門景點，民眾為了籌備旅費，還成立一種叫做「伊勢講」的組織，在一七七七年時，竟然吸引了四百四十萬人加入。這種利用農閒時期的團體旅行，簡直就像昭和時期的農協觀光團呢！尤其是每六十年就會發生一次的參拜熱潮蔭年參拜，不計其數的參拜者紛紛湧向伊勢神宮。根據記載，一七〇五年四至五月的兩個月期間，參拜人數竟然多達約三百六十五萬人[139]。

日本終於從暴力橫流的時代，進入到全民歡騰旅行的和平時代。這應該已經很接近現代人所認知的日本了吧。不過，任何統治體制都不可能長久延續。在下一節，近代終於要揭開序幕。

5 明治維新，強兵之國計畫正式展開

明治政府成立於一八六八年，在引進西洋思想和技術的同時，也建立起「民族國家」的新體制。近代因此正式揭開序幕。不過，從江戶時代後期開始，平民的生活就已經成熟到足以堪稱近代了。

二〇一八年剛好是明治維新一百五十週年。官邸的網頁上寫著：「將明治的沿革

137 柴田純《江戶的護照》（江戸のパスポート），吉川弘文館，二〇一六年。

138 大眾旅遊的起源，一般認為是在一八四一年英國人湯瑪斯．庫克（Thomas Cook）發起鐵路旅行之後才開始的。湯瑪斯．庫克大力推廣禁酒，想要為勞工們提供健康的娛樂活動。為了服務白天得工作的勞工族群，他推出月光之旅和周遊歐洲的套裝行程，為現代的團體旅遊業打下基礎。如果把伊勢參拜的旅行視為大眾旅遊的話，那日本比歐洲還要早上一個世紀。

139 即使不是蔭年參拜的年分，比方說伊勢神宮在一七一八年時，從一月一日到四月十五日期間，就有多達四十三萬的參拜者。順道一提，二〇一九年伊勢神宮的參拜人數約達九百七十萬人。

傳承給下個世代，學習明治精神，以及重新發現日本優勢。」接著宣布各種與明治維新一百五十週年的相關政策。

比方說，把每年都召開的國民體育大會硬是冠上「明治維新一百五十年紀念」，還有宣傳溫泉時，也刻意提起溫泉地發展於明治時期，感覺國家好像頗為牽強的想要炒熱明治維新一百五十週年。

對許多人來說，二〇一八年比較代表性的事件，應該是安室奈美惠宣布引退，但是日本政府卻認為，舉國歡慶明治維新的週年紀念比較重要。其中原因，就是為了宣告當今的日本國，是成立於一八六八年大日本帝國的延續。

例如，二〇一〇年有慶祝遷都平安京一千三百年的活動；二〇〇三年有慶祝江戶幕府成立四百年的活動，但發起這些活動的都不是中央政府，而是地方公共團體或是民間企業。這數十年來，自民黨政權雖然呼籲要重視傳統，但是對於比明治還要久遠的平安時代和江戶時代，卻顯得沒有那麼重視。也就是說，現在的日本政府，可能把明治維新直接視為真正的日本誕生也說不定。

前一章已經提到伊勢參拜的例子，而到了江戶時代中期，這個國家的平民生活已經有相當程度的水準了。舉個例子，就是教育機構增加了。

除了各藩設置的公家教育機構藩校外，作為大眾教育設施的寺子屋也普及全國。

寺子屋如同字面上的意思，多出寺院開設，不過也有地方名門會開設寺子屋。在城下町（按：以領主居住的城堡為核心來建立的城市），甚至經常出現規模達數百人的大型寺子屋。

江戶後期幾乎是近代社會

沒有戰爭的時代，就可以發展經濟、活絡經濟，村落和家都會被納入市場的一環。舉凡商品出貨、田地買賣和金錢借貸，都需要契約字據等文件。如果不會讀寫和算數，就會吃大虧。雖然古代早已有文字，但會的只限少數菁英階層，以往的多數平民也不覺得有識字的必要。不過，如果不識字會吃大虧的話，那就另當別論了。

到了十九世紀，大家開始高度重視教育。由於寺子屋不需要國家核准就可以設立，所以無法明確得知當時到底有多少間。根據明治十六年（一八八三年）日本文部省的調查，當時大約有一萬一千兩百三十七間寺子屋，不過調查的疏漏頗多，實際上應該會是這個數字的數倍[140]。總之在當時的列島，已經出現了數量龐大的教育機構[141]。

在人口超過一百萬人的巨大都市江戶，甚至還發行用木板印刷的私塾、寺子屋排名。這是由於寺子屋實在太多了，父母要將孩子送往寺子屋時，往往需要參考這類的排名。

受教人數增加了，識字率也提升。如此一來，一般民眾也養成了讀書的習慣。一六九六年曾發行一本叫做《增益書籍目錄大全》（增益書籍目録大全）的目錄。這本目錄蒐羅了當時書市上的所有書籍，合計近八千筆資料。假設每本書的發行量為五百本，那當時全國估計有約四百萬本書籍流通於市面，而且還曾發行超過一萬冊的暢銷書籍[142]，在資訊氾濫的江戶時代，連書評書籍也很受歡迎[143]。

江戶幕府雖然沒有積極提升識字率，但也沒有加以阻止。在十八世紀的英國，菁英階層似乎就很害怕貧民讀書識字，他們憂心貧民識字後會不滿自己的境遇而擾亂治安，但日本卻沒有這樣的顧慮[144]。

想要衡量社會的成熟度，可以參考暴力的發生率。一般而言，低暴力的社會、死亡率低的社會，就是成熟的。就這點來看，很值得探究江戶時代幾近文明的起義方式。提到起義，普遍印象就是農民武裝攻擊掌權階級，在中世或許真是這樣，但江戶時代的百姓起義卻更為和平[145]。

百姓們起義的目的，無非是為了減輕年貢或是罷免可惡的地方官員，但他們不會貿然起義，而是先寫訴狀，然後反覆舉行合法的遊說活動。如果真的行不通，他們就會訴諸違法的起義，但大都不會透過暴力。他們頭戴簑笠，身穿農作服，手持農具，以百姓之姿，集體圍在領主門前討公道，但基本上都不會拿武器，跟現代的示威遊行很像。

實際上，我們在調查江戶時代發生的一千四百三十件百姓起義時，發現使用武器或是放火燒房的案例，只占極少的一％而已[146]。

140　高橋敏《江戶時代的教育力》（江戸の教育力，ちくま新書，二〇〇七年）中推測，在全盛時期，一個村落會有一至兩間寺子屋。一八三四年時，預估有六萬三千五百六十二座村落，因此寺子屋的數量超過這個數字也不足為奇。

141　不像現代會立法強調受教權。大家只要想成幾乎沒有什麼公立學校，都是私塾的社會就好。

142　比現在日本多數的純文學小說還熱賣。

143　加藤秀俊《媒體發展》（メディアの展開），中央公論新社，二〇一五年。

144　理查德・魯賓格（Richard Rubinger）《日本人的識字能力》（日本人のリテラシー），柏書房，二〇〇八年。

145　當然光是透過起義的例子，並不能證明江戶時代真的與暴力無緣。與現代相比，江戶時代的治安當然相對不佳，刑罰也很嚴苛。曾有案例是虛歲未滿十五歲的少年，只是搶劫就被判死罪。詳細請參考氏家幹人《從古文書一窺江戶犯罪》（古文書に見る江戸犯罪考），祥傳社新書，二〇一六年。

146　須田努《幕末改革社會　萬人戰爭的情況》（幕末の世直し 万人の戦争状態），吉川弘文館，二〇一〇年。

糧食自給率一〇〇%，其實很恐怖

江戶時代的教育水準提升，讀書人口增加，就連起義的方式也很和平。有人這樣評價江戶時代：「江戶時代，人人都在和氣的團體意識中歌頌太平治世」[147]、「江戶時代完全就是日本人智慧、經驗和感性的結晶，最終造就出日本史上最綿長豐饒的和平社會」[148]。

不過，江戶時代是比現在更美好的時代嗎？不盡然。與自由又血腥的中世相比，江戶確實是和平又安定，不過，江戶時代也發生過幾次大飢荒。

尤其是發生在十八世紀的天明大飢荒，各地都有大量人民餓死[149]。一七八三年秋天到隔年春天，光是弘前藩（今青森縣弘前市）就有超過十萬人餓死，八戶藩（盛岡藩的支藩，位於今青森縣八戶市內丸）也有約三萬人死於飢荒。

根據當時的資料，飢餓的幼兒吃自己的手指，有人到墓地挖死屍果腹，甚至有母親殺了孩子吃掉，全國估計銳減一百萬以上人口，是江戶時代最大的飢荒。要是現代日本也遇到與當時同樣的氣候，我想應該不至於發生大飢荒，因為當今日本已經變成糧食自給率低，食物完全依賴貿易的國家了。

日本有人主張為了備戰，應該要提升糧食自給率。不過，糧食自給率將近一〇〇%的江戶時代，只要遇到天候不佳就不堪一擊。當時就算世界某處有多餘作物，江戶時代的日本也不知道如何進口。

糧食自給率一〇〇%，聽起來好像很好，實際上，相互依靠的世界才更能堅強度過危機[150]，而且，江戶時代也無法永續維持這樣的社會環境。列島在十七世紀猛烈開墾新田，除了耕地面積倍增外，人口也增加了[151]。不過，到了十八世紀，不僅可供開發的土地減少了，連既有的耕地都快保不住。

如果原本耕作的田地枯竭，就得找別的地方耕種，經過一、兩年，土地就可以恢復生機，但是如果土地不夠，那就無計可施了。再加上當時為了養草做肥料而改造山

---

147 渡部昇一《不平等主義的勸告》（不平等主義のすすめ），ＰＨＰ研究所，二〇〇一年。

148 德川恒孝《江戶的基因》（江戸の遺伝子），ＰＨＰ研究所，二〇〇九年。

149 田家康《看氣候讀懂日本歷史》（気候で読み解く日本の歴史），日本經濟新聞出版社，二〇一三年。一七八二年至一七八三年的聖嬰現象引發了冷夏，加上一七八三年淺間火山噴發引起冷卻效應，使全國歉收連連，尤其是東北地區的米，收穫量僅有往年的一至兩成而已。

150 不只日本有這種情況。十七世紀的法國，只要農作連兩年歉收，就可能導致一五%的人口死亡。史蒂芬·平克（Steven Pinker）《人類是否能逃脫滅絕的命運》（人類は絶滅を逃れられるのか），鑽石社，二〇一六年。不過，天明大飢荒是由於東北的農作歉收，導致大坂（近畿地區）的米價高漲所引起。

151 武井弘一《江戶日本的轉捩點》（江戸日本の転換点），NHK BOOKS，二〇一五年。

野，結果導致砂土流失、田地荒廢，用現在的話來說，就是破壞大自然。

十八世紀的日本，顯然已經面臨發展上的極限。實際上，在當時的一百年間，列島人口幾乎都沒有成長。一七二一年的人口有三千一百二十八萬，到了一八二二年，也只增加到三千一百九十一萬人[152]而已，幾乎呈現停滯狀態。

為什麼人口停止增加了？歷史人口學家鬼頭宏表示，這要歸咎於都市的「蟻地獄」（譯註：喻難以擺脫的困境）。當土地無法增加，農村就只能由長男繼承家業，次男等其他孩子就必須到都市討生活，但是當時的都市是非常危險的地方，不僅治安不好，時不時還會爆發霍亂或流感等傳染病。當時沒有健保也沒有失業救助，很多人搞壞身體、沒了性命。根據統計，到都市工作的年輕人，其實多達四成在工作結束（退休）前就丟了性命[153]。農村的過剩人口，就被蟻地獄的都市吸收殆盡，日本的人口才因此維持在平衡狀態。

江戶時代沒有日本人

江戶時期平均每人GDP增加至一．五倍，甚至超越了同時期的中國，但是成長率超級低，只有〇．一五％而已，完全比不上歐洲。江戶時代結束時，平均每人

ＧＤＰ是一千零一十三美元，與現在非洲的發展中國家同等水準[154]。

終於要來談談明治維新。

為什麼江戶幕府會結束，並進入明治時代？「因為培里逼迫開國」、「因為江戶幕府氣數已盡」、「因為基層菁英對幕府的不滿終於爆發」，我們應該可以得到各種答案。

不過，這些都並非是這道問題的核心所在。關鍵在於，日本採用了源於西方的民族國家體制。也就是說，要是江戶幕府能撐到現代，再廢除身分制度，並採取類似民族國家的體制，應該就和二十一世紀日本的狀態和人們的生活差不多吧。

當然，除了採用民族國家體制以外，應該還有其他方法可以邁向近代化，但如果不是透過這個體制，日本的發展應該會比較緩慢[155]。

152　一六〇〇年的人口估計約為一千兩百二十七萬人。詳細請參考鬼頭宏《從人口來看日本歷史》（人口から読む日本の歴史），講談社學術文庫，二〇〇〇年。

153　速水融《歷史人口學問的世界》（歴史人口学の世界），岩波現代文庫，二〇一二年。

154　平均每人ＧＤＰ以一九九〇年的國際美元換算。同時期（一八七四年）的英國，平均每人ＧＤＰ是四千一百九十一美元，中國是五百五十七美元。詳細請參考高島正憲《經濟成長的日本史》（経済成長の日本史），名古屋大學出版會，二〇一七年。

民族國家究竟是什麼？我們來看一下日本的研究專書經常參照的定義：「所謂民族國家，是指在固定的國境領域內主權獨立的國家，居住其中的國民，共同擁有一樣的國民意識。」[156]

這段文字講得真是拐彎抹角。比方說，由有以下想法的國民所成立的國家，就是民族國家：「在日本出生，父母都是日本人，那自己也會是日本人。日本人說日語、在奧運中毫無條件支持日本人選手。從海外抵達成田機場或羽田機場，會有回家的感覺。萬一發生戰爭，也會站在日本這邊。」你可能會覺得這很正常，不過，江戶時代反而很少有人這麼認為。

明治時代以前的日本，不能被稱為民族國家，那是因為在江戶沒有國民，也就是沒有所謂的日本人。列島上的確居住了三千萬以上的人，除了菁英階層外，平民們也大致可以想像自己居住的土地長什麼樣子，也大約知道自己住的地方叫做日本，再加上讀書習慣的普及，至少書寫的文字都是日語。雖說如此，他們與現代的日本人相比，在意識和想法上還是略有不同。

在江戶時代，平民隸屬村或町（城鎮），由所屬的藩主管轄[157]。畢竟是自己繳稅的對象，民眾應該知道自己所屬的藩的名字，也應該有人頗為愛戴自己的藩。不過，這之中究竟存有多少日本人的自覺，還真是不好說。比方說在幕末時期，歐美聯合艦隊與長州藩之間爆發了下關戰爭，據說農民和城鎮居民非但沒有跳出來協助戰事，甚至還抱怨「真令人困擾！」、「真倒楣！」、「還波及到我們！」[158]把戰爭當作是別人家的事。

戊辰戰爭雖然不是對外戰爭[159]，但當時在會津若松城下的商人、職人等各地民眾都趕忙逃離了戰場。不要說對日本這個國家，當時很多人就連藩也都不放在眼裡。

二十世紀中葉爆發的太平洋戰爭，有許多年輕人留下「願意為日本犧牲」的遺書，毅然赴死，跟江戸形成強烈對比。下關戰爭到太平洋戰爭爆發，時隔不到一世

155　歷史由無數的「ＩＦ」（如果）累加而成，很難只憑一個條件去假設世界是否會有所不同。假使明治維新沒有發生，日本可能會與俄羅斯發生衝突，並淪為殖民地，那之後或許不會有英日同盟，而是會變成日俄同盟。如此一來，日本就有可能避掉二十世紀的戰爭所引發的慘劇。

156　歷史學研究會編《對於民族國家的疑問》（国民国家を問う），青木書店，一九九四年。引用並省略掉部分內容。

157　江戸時代的基本構成單位是村和町。村和町由俸祿一萬石以上的大名、俸祿未滿一萬石的旗本（按：日本武士的一種身分），以及幕府等領主管轄。不過，當時不像日本現在的都道府縣制，有明確的界線劃分各縣。領主可能會突然被換掉，或是出現由一位領主管理數個村和町的情況。松澤裕作《日本近代，從町村合併中誕生》（町村合併から生まれた日本近代），講談社選書メチエ，二〇一三年。

158　谷川薰《幕末長州藩的攘夷戰爭》（幕末長州藩の攘夷戦争），中公新書，一九九六年。

159　戊辰戰爭發生於幕末至明治初期，是明治新政府軍和舊幕府軍的內戰。

紀，有這麼巨大的轉變，關鍵原因在於民族國家制度。

民族國家體制是人類的大發明

多數居住在現代日本，且擁有日本國籍的人，都自覺自己就是日本人，而且也在某種程度上擁有共同的能力和思考方式。例如，日本人應該要比其他國家的人更會說日語、衛生觀念佳，而且非常了解活躍於日本的人物安倍晉三（按：前日本內閣總理大臣）、松居一代（按：日本女演員）和戴夫·斯派克特（按：Dave Spector，美國人，在日本生活和工作，是一位外國電視節目製作人）等。把居住在國境內的人，培育成擁有某種程度的一致性，就是民族國家的宗旨所在。

我在前面曾經提到寺子屋，全日本雖然有無數間寺子屋，卻沒有共同的教育課程。且因不是義務教育，隨著地區和身分的不同，教育水準也會有極大的差異。

根據明治時代文部省的調查，隨著地區、身分和性別的不同，識字率會有極大的差距。比方說，一八八四年的鹿兒島縣，約有八成的人不會寫自己名字，但同年在滋賀縣卻大約只有三成。女性的識字率尤其偏低，鹿兒島縣有九六％的女性不會寫自己的名字。

5　明治維新，強兵之國計畫正式展開

一八七二年以後，日本開始對六歲以上的男女實施義務教育，但即使經過十年以上，也仍然有很多人完全不識字[160]。江戶時代的不識字率應該更高，估計識字率可能只有兩成而已。因此，明治政府為了培育日本人，全國開始統一實施義務教育。當然這項措施並不是出於愛護人民，而是基於富國強兵的需要，才急著培育人民。

明治日本最大的任務，就是提升經濟、加強軍事力，因為對明治政府來說，當時的世界情勢很緊張。就拿東亞來說，中國（清朝）在鴉片戰爭中打輸英國，被迫簽定不平等條約，日本北方也有俄羅斯的南下政策在虎視眈眈。實際上，當時的亞洲和非洲，都逐漸落入歐美列強的手中。

明治政府察覺，如果不增強國力，日本就會變成殖民地。不過當時的日本，真的會遭到其他國家侵略嗎？專家學者的看法不一。清朝雖然在鴉片戰爭打輸了，但也不致於亡國[161]。不過，就算當時的江戶幕府有存續下來，社會最終應該也會有天翻地覆

160　義務教育的對象都是孩童。因此，即使義務教育已經實施一段時間，成人之中還是有很多不識字。有關識字率的資訊，請參考日本文部省〈日本帝國文部省年報〉。

161　一九一一年辛亥革命後，清朝滅亡。實際上，那是鴉片戰爭爆發、半個世紀以後的事。順帶一提，幕末時期，日本被迫簽定的不平等條約，與清朝戰敗被迫簽定的南京條約有很多共同點。比方說，喪失關稅自主權和領事裁判權。

的變化，因為十九世紀是技術革新的時代，全世界都免不了發生劇烈變化。

沒有比馬更快的交通工具

在十九世紀初，全世界陸地上跑得最快的就是馬。人類、工業製品、信件和資訊，速度都無法比擬[162]。但是在一八三七年，人類發明了電信技術，讓資訊在轉瞬間就可以收發完成。一八五八年，跨大西洋海底電纜鋪設成功，使美國與歐洲之間的訊息可以互通。隨著海底電纜的發展，世界透過十九世紀版的網路逐漸連為一體[163]。

與此同時，蒸汽船的輸送量增大，鐵路網也更加完備，世界變得意想不到的小。在這樣的時代，幾乎不可能長久鎖國[164]，因為無論如何，都抵擋不了海外的資訊和產品傳到日本國內。

即使是江戶時代，西方文化早就已經一點一滴傳入日本。一七八八年發行的通俗小說《女郎買之糠味噌汁》中，在深川的遊廓（按：江戶時代集中官方認可的遊女屋）作樂的客人說了下列對話：「比起女人，我更愛紅酒。」、「我喝酒會臉紅。非常受不了。我看不要喝酒，吃魚好了」。

對話中的女人的日文為「フロウ」，紅酒則是「ウエイン」，臉紅是「ロード・

ゲシクト」，非常的是「ゴロウト」，魚則是「ヒスク」，這些全部都是荷蘭語[165]。通俗小說可能都寫得比較浮誇，不過日本搞笑藝人大柴亨說話也夾雜超多外來語，江戶人會這樣說話也不稀奇。與其說進入明治時代後，日本就大舉開國，其實根本是十九世紀的技術革新潮席捲了日本吧。

打造強兵之國

其實，日本一直想要打造強兵之國。

在七世紀、日本國號還沒出現時，大和政權在朝鮮半島一役吃了大敗仗後，就已

162 如果不限於陸地，還有飛鴿傳訊、手旗通信和擺臂式訊號等傳訊方式。日本在一七四三年開始採用手旗通信，把訊息從大阪傳到廣島只需要二十七分鐘。雖然鴿子早在古代就有，但是直到一七八三年，才首次從文獻上看到利用鴿子傳訊的記載。黑岩比佐子《傳信鴿》（伝書鳩），文春新書，二〇〇〇年。

163 威廉·伯恩斯坦（William J. Bernstein）《「富有」誕生的一刻》（「豊かさ」の誕生），日経ビジネス人文庫，二〇一五年。

164 實際上日本當時還是有繼續與中國、荷蘭等國保持貿易往來，並沒有全然斷絕對外交流。如果對外貿易少叫做鎖國，那繩紋時代應該更接近鎖國吧。

165 加藤秀俊《媒體發展》（メディアの展開），中央公論新社，二〇一五年。

經有動此念。他們導入戶籍和徵兵制，嘗試推行與明治日本類似的政策。

其實兩者的情況真的很像，同樣都是日本遭到侵略，而掌權者也都順勢利用了這種危機。直到現在，日本政治家們也是不斷刻意強調北韓的危機，原因是這樣的氛圍有助於國家上下一心吧。不過，古代日本在實現理想前就瓦解了，果然在沒有電和鐵路的時代，很難維持中央集權。另一方面，明治日本則擁有強力武器——西方的最新技術。只要透過電話和電信，就可以瞬間傳達全日本資訊給大眾，再加上鐵路和車子，使各地區距離變得更近。

打造強兵之國之民族國家計畫正式開始。其中最大的阻礙，就是身分和區域的差異。當時，日本思想家福澤諭吉在《勸學》一書曾經提出下列主張：人口百萬之國，智者僅千人，其餘皆是無知小民的情況，只考慮如何治理國家並無妨。不過，一旦發生戰爭，那些小民只會逃之夭夭。看似百萬人口之國，若僅有千人戰力，維持獨立猶如妄想[166]。

那麼，這個使日本民族國家化的計畫，最後成功了嗎？以某種層面來說，算是大成功，但以另一層面來說，又算是大失敗。

6 擴張時代，戰敗代價換取經濟高度成長

近代日本不想成為被侵略的國家，所以選擇當侵略別人的國家，結果引發了死傷無數的太平洋戰爭。不過，由於戰敗成為後進國家，對經濟成長有利。戰後的日本搖身一變，成為經濟大國。

近代是一個不可思議的時代。簡單一句話，就是「擴張」的時代。

首先，人口快速增加。明治時代開始的一八六八年，人口是三千三百萬人，到了大正元年（一九一二年），人口增加到五千萬人，到一九三六年則突破七千萬人[167]。

---

166 福澤諭吉《勸學》，慶應義塾大學出版會，二〇〇九年（五南出版，二〇一八年）。這本書從一八七二年寫到一八七六年才完成出版。

167 大日本帝國時代居住內地的日本人人口，不包含朝鮮等地人口。詳細請參考日本總務省統計局〈日本的長期統計系列〉。

加上日本統治的朝鮮、臺灣和樺太島（庫頁島），總計約達一億人。

領土也不斷擴張，沖繩、北海道、臺灣和朝鮮等國，都相繼加入日本的版圖。在一九四〇年代，甚至還占領菲律賓、法屬中南半島等亞洲國家。看一看當時的勢力版圖，簡直大的嚇人！

為什麼要朝海外發展？

為什麼大日本帝國這麼想擴張領土？國民變多的話，管理起來不是很辛苦嗎？領土越大不是越花錢？若是想將藏有貴重資源的大陸納為己有，那倒還可以理解，為什麼連沖繩、臺灣這種小島都想出手？

其實歐洲大國花費數世紀，也都是在做同樣的事[168]。從十五世紀開始的大航海時代，葡萄牙和西班牙等國競相開拓新航路，意圖獲得新領土。

為什麼？最簡單的理由，就是可以獲得莫大的財富，其中的例子就是荷蘭。荷蘭為了與亞洲進行香料貿易，成立了荷蘭東印度公司，從中獲取龐大利益。不過，歐洲前進海外的理由不止於此，部分遠征純粹出於冒險精神，但多數也出於宗教熱情，基督教尤其經常被拿來當作侵略的藉口。

最有名的例子，就是西班牙侵略印加帝國。西班牙以印加帝國的皇帝不願信奉基督教為由大開殺戒。僅有一百六十八人的西班牙流氓部隊，就把印加帝國給滅了[169]。

歐洲擴大領土的戰略，直接影響到十八世紀後半英國的工業革命。

日本不可落後於人！

人們獲得可以二十四小時高效運作的蒸汽機技術。隨著工業革命的發展，德國和美國開始運用石油發展重化工業。大量生產、大量消費的時代就此開啟。隨著產業規模加大，歐洲各國已經不能滿足在本國籌措原料和產品銷售等需求，於是紛紛跨越國境，積極向外尋找原料和拓展銷售通路。最終導致亞洲和非洲眾多國家淪為歐洲的殖民地。

---

168 馬克．費侯（Marc Ferro）《殖民地歷史》（植民地化の歴史），新評論，二〇一七年。

169 西班牙流氓部隊僅六十二名騎兵，加上一百零六名步兵，就把擁有一千六百萬臣民的印加帝國給滅了。理由可能有下列幾個：西班牙人擁有槍枝、鐵製武器和騎馬等軍事技術，印加帝國卻只有金屬製武器，而且西班牙人對地方性流行病或疫病免疫，加上他們曾透過文字資訊，學習美洲大陸的歷史和過去的戰略。賈德．戴蒙《槍炮、病菌與鋼鐵》，草思社文庫，二〇一二年（時報出版，一九九八年）。

日本就是在這個時代下定決心開國！

明治的政治家和知識分子，都很擔心日本遭受歐洲的侵略。舉例來說，日本思想家福澤諭吉就曾表示，以西方陸續把東方變成殖民地的情勢來看，日本也很危險。他呼籲日本應該脫離亞洲圈，盡速西化，才能保住日本的獨立地位。

明治政府於是決定邁向與歐洲同樣的道路——不當被侵略的國家，改當侵略別人的國家[170]。

不過，當時國內也是議論紛紛[171]。在一八七九年，明治政府強制將琉球王國納入日本版圖，並設置沖繩縣，這件事也引發極大的論爭。想要把琉球納入日本領土的人，他們打的主意是國防考量。與歐洲列強相比，日本的軍事力極度劣勢，因此要盡可能在遠處設置一個防衛據點。

以軍事戰略考量，琉球極為重要。琉球的地理位置在日本本土、臺灣和中國中間，萬一琉球變成歐洲的殖民地，那對日本將會造成重大威脅，而反對派所考量的是成本問題。他們認為，要在遠方的孤島投入政府公帑，根本就毫無利益可言。當時明治政府的財政非常吃緊，反對派認為，在各地叛亂不斷的情況下，還要派遣警察、軍隊、官員和教師到遙遠的琉球促進其近代化，根本就是亂來！

明治時代也是有重視ＣＰ值（性價比）的知識分子[172]，不過，明治政府最後還是決定要合併琉球，而且還決定開拓蝦夷地，正式前進北海道。為了設置防制俄羅斯的軍事據點，明治政府想把愛奴族居住的土地納入日本領土。當時有許多本土日本人跑到北海道殖民，並且胡亂開發。

因為這樣，沖繩和北海道就分別被稱為「帝國南門」和「帝國北門」。日本政府忽視當地原住民的意願，硬是把他們的居住地，變成大日本帝國的重要軍事據點。而日本的擴張政策還在持續進行。

一八九五年，日本打敗中國（清朝），把臺灣據為己有。不過，由於臺灣居民強烈反抗，導致統治成本增加，光靠臺灣的稅收，根本不足以支付統治費用，日本政府還得從國庫拿出近一成的稅收來補助開銷。

當時的輿論鼓吹應該把臺灣賣掉，但是政府高層極力主張臺灣具有國防價值。一八九五年，日本在臺灣設置總督府，之後一直統治到一九四五年為止。

170 有關近代化，小熊英二《決定版日木這個國家》（決定版 日本という国），新曜社，二〇一八年，一書有詳細的說明。

171 小熊英二《「日本人」的界限》（〈日本人〉の境界），新曜社，一九九八年。有關近代日本的殖民地統治到復歸運動，大致都寫在該書的第七儿二頁。

172 還有人反對日本與中國（清朝）等各國產生衝突。

統治韓國的餘毒遺留至今，當初日本首先主張的也是軍事意義。日本在階段性取得韓國的統治權後，於一九一〇年合併。當時，政治家伊藤博文曾表示：「日本不得已把韓國變成保護國」、「韓國如果被他國統治，會危及日本獨立」[173]。

從島國邁向海洋帝國

比起經濟效益，當時日本優先考量的是國防。以現在的角度來看，究竟哪些領土是真正為了自衛所合併的[174]？不過，日本的擴張模式已經停不下來了，並以東亞為中心，建立自己的經濟圈。

一九二九年爆發經濟大蕭條以後，世界列強紛紛以自己國家的貨幣為中心，建立區塊經濟體。所謂區塊經濟體，就是透過關稅壁壘，把自己的經濟圈框成區塊的經濟體制。

當時的報紙甚至刊載了下列評論：「世界的距離，縮短到神風號僅需要花九十四餘小時就可以從東京飛到倫敦，但是世界的貿易障礙，卻變得比德川時代各藩之間的關卡還要多且嚴重。」[175]當時的日本在經濟上主張自由主義，卻又逐漸形成自己的區塊。

一九一三年，日本攻占中國東北部的滿洲地區，一九三二年宣布成立滿洲國[176]。滿洲是與舊蘇聯相鄰的最前線，日本是看中當地的豐富地下資源才加以侵略。不過，由於滿洲國引發了國際糾紛，日本只得在一九三三年退出國際聯盟。

日本退出國際聯盟，並不是為了要與世界各國大吵一架。主張日本退出的，其實是國際協調派的外交官。他想先讓國際聯盟不要再繼續針對滿洲事變（九一八事變），再讓日本以非國際聯盟成員的立場，與歐美諸國重修舊好[177]。但是，這個期待落空了，日本陷入更加孤立的情勢。一九三七年爆發了第二次中日戰爭，一九四一年日本攻擊珍珠港對美國宣戰。

173 平塚篤編《伊藤博文祕錄續》（伊藤博文秘録続），春秋社，一九二九年。

174 其實進入二十世紀後，歐洲各國也多次議論，經營殖民地是否真的合乎效益。維持殖民地其實需要耗費龐大的費用，如果包含殖民地在內，還可以自給自足那倒還好，但結果往往是要與其他帝國交易，才足以維持經濟。在這樣的情勢下，歐洲真的想侵略日本嗎？沒有答案。

175 《朝日時局讀本》八卷，朝日新聞社，一九三七年。神風號是飛往倫敦的朝日新聞社飛機。

176 一九三〇年代以後爆發的一連串戰爭，源頭之一就是滿洲事變。中國發起收回國權運動，導致中日關係惡化，這也是事變發生的背景。詳細請參考油井大三郎《被迴避的戰爭》（避けられた戦争），ちくま新書，二〇二〇年。

177 其實日本國內所有的主要政治勢力，都反對退出國際聯盟。詳細請參考井上壽一《戰前日本的全球主義》（戦前日本の「グローバリズム」），新潮選書，二〇一一年。

日本發動戰爭所打的正當口號，就是「建設東亞新秩序」，和「確保大東亞安定」。透過侵略和合作的方式，日本意圖以盟主的身分打造一個亞洲區塊。日本想在東邊一帶，成為代替大英帝國的存在。恐懼歐洲侵略的日本，終於蛻變成意圖打造亞洲新秩序的海洋帝國[178]。

百姓們是怎樣看待這時日本的戰爭呢？一般來說，日本人大都把戰前的日本，描寫成黑暗時代。

日本在近代化的過程中，人民的生活確實變得便利許多。進入大正時代（一九一二年至一九二六年）後，一般市民也有餘裕享受娛樂，以東京為中心，大眾消費社會一片欣欣向榮，銀座也出現許多意氣風發的時尚男女。

雖然不景氣，但和平就好

當時的三大娛樂，就是電影、博覽會和賞花[179]。一九一一年至一九一二年，東京電影院的入場人數暴增至三倍，將近一千萬人湧入電影院。其中，以一九一六年上映的卓別林喜劇電影最為膾炙人口。經濟比較寬裕的人們，也會去從事高爾夫或滑雪等娛樂活動。

大正十四年，也就是一九二五年，是日本政治史上重要的年分。這一年制定了普通選舉法（限男性），以及頗遭惡評的治安維持法[180]。治安維持法在當時引發了強烈的反對聲浪。一九二五年二月十一日，日本勞動總同盟等三十五個團體，在東京芝區（按：現東京都港區）和有馬原召開了治安維持法反對集會，但是參加者只有寥寥三千人而已[181]。

另一方面，在反對集會的兩天前、二月九日，新宿園舉辦了電影明星拍攝活動，入場人數居然多達三萬人，這表示當時的多數人都熱衷於消費和娛樂，根本不在乎什麼治安維持法。

178 有些人主張太平洋戰爭的目的在於解放亞洲。不過，解放亞洲的口號，實際上是在戰況步入頹勢後才開始提倡的，絕對不是戰爭初期就設定的目標。松浦正孝《為什麼會發生「大東亞戰爭」》（「大東亜戦争」はなぜ起きたのか），名古屋大學出版會，二〇一〇年。

179 青木宏一郎《大正浪漫，東京人的娛樂》（大正ロマン 東京人の楽しみ），中央公論新社，二〇〇五年。

180 治安維持法：禁止任何涉及反對天皇制和資本主義的言行。一九二八年，最高刑罰提高到死刑，是戰前打壓言論自由的象徵。

181 小松裕《日本的歷史十四》（日本の歴史十四），小學館，二〇〇九年。當時的《朝日新聞》（一九二五年二月十二日晚報）是刊載五千人。

對於普通選舉法，民眾的反應也很冷淡。一九二三年關東大地震後，隨著日本逐漸復甦，整個社會呈現一片「雖然不景氣，但天下太平」的安定氣氛[182]。

一九二六年進入昭和時代後，也仍是十分和平的時期。電燈、電風扇、熨斗和被爐等家電普及，百貨公司擺滿了最新商品，分店也一間接著一間的開。舉例來說，百貨公司高島屋開設了「均一價十錢賣場」，企圖吸引大批消費者。除了百貨公司外，還開設了「高島屋十錢、二十錢商店」的連鎖店，截至一九二三年為止，總共開設了五十一家分店[183]。

昭和八年（一九三三年）就是景況最好的一年。戰後一小段時間，人們嘴上總愛掛著「真想回到昭和八年啊！」、「回到昭和八年吧！」昭和八年就是如此美好的年代。滿洲事變爆發兩年後，部分富裕階層在軍需景氣下過得非常舒適。夜晚的街道燈紅酒綠，百貨公司的商品琳瑯滿目，年輕人聚集在咖啡舞廳玩樂。

不過，隨著戰況惡化，平民的生活水準逐漸下降，卻也不是馬上就下降到谷底。一九四一年太平洋戰爭開打時，根據隨筆家山本夏彥的回憶，他當時還在新橋的「天春」，和友人一邊吃天婦羅一邊喝酒[184]！

雖說如此，一九四四年美國正式空襲日本，以東京為首的都市地區都遭到毀滅性的破壞，軍方於是到處徵集年輕人上戰場，其徵集率竟高達七七％，也就是說，持有日本國籍的十七至四十五歲男性，應該有超過四成的人被軍方動員[185]。

那場戰爭，還好打輸了？

日本打的是有欠斟酌的戰爭，尤其日本在經濟上、技術上全都輸給美國。戰爭末期時，日本投入了約八五%的國家預算作為軍事費，但也是杯水車薪。當然，當時的政治家和官員們都很清楚情勢如何。既然如此，又為什麼仍要對美國開戰？

其中一個說法是，「比起其他選擇，開戰會比較有利」[186]。主要是大家想不出可以避免戰爭的可行策略，所以只好選擇看起來比較有利的對美開戰。乍聽之下或許很

---

182 《讀賣新聞》（読売新聞）一九二五年三月二十三日早報。

183 井上壽一《戰前昭和的社會，一九二六～一九四五》（戦前昭和の社会 1926-1945），講談社現代新書，二〇一一年。

184 山本夏彥《戰前這個時代》（「戦前」という時代），文春文庫，一九九一年。

185 大江志乃夫《徵兵制》，岩波新書，一九八一年。日本發布徵兵令是在一八七三年，但當初有各種免除規定，符合條件的人當中，實際成為士兵的不會超過三・五%。加藤陽子《徵兵制與近代日本》（徴兵制と近代日本），吉川弘文館，一九九六年。

186 森山優《為何日本決意開戰》（日本はなぜ開戦に踏み切ったか），新潮選書，二〇一二年。

不可思議，但是當時如果選擇從中國撤兵，或是按照天皇的聖斷不要開戰，確實都會發生極大的衝突。在諸多遺憾的決議下，引發了最糟糕的戰爭[187]。

日本當然還是戰敗了。光是軍人、軍隊後勤人員就有兩百三十萬人喪生，平民百姓八十萬人喪命，總計三百一十萬人身亡[188]，而且帝國自明治維新以來獲得的土地也喪失多數。

這次戰敗，堪稱是日本有史以來遭遇到的最大危機。不過，冷靜下來思考，戰敗也不全然是壞事，趁這個機會，剛好可以把殖民地脫手。雖然這是明治維新以來，日本拚命搶到手的領土和殖民地，但是一旦軍事效用消失了，就很可能一口氣變成經濟重擔。

實際上在戰後，英國和法國都因為殖民地政策而傷透腦筋。舉法國的例子，一九四八年至一九五一年間，他們從自己國家拿了四倍的財政補助用在北非，等於是法國納稅人所繳納的稅金，有九%都用於海外領土支出[189]。

一九五〇年代以後，殖民地相繼爭取獨立。許多獨立是透過協商和平完成的，也有許多最終爆發戰爭。總之，維持殖民地也好，讓殖民地獨立也好，都是非常耗費心力的工作。戰敗國的日本、德國和義大利，由於不必背負殖民地的負擔，才得以順利完成戰後重建。

我曾請教某位歷史學家：「假使沒有對美國開戰會變怎麼樣？」、「那麼大日本帝國就得以存續，甚至可以成為聯合國的常任理事國吧！不過，殖民地應該會拖垮日本的經濟，如此一來，日本可能達不到今日的發展吧。」雖然這只是站在後世立場的看法，但日本是以三百一十萬人的犧牲為代價，卸除了殖民地的重擔，才得以換來今日的經濟成長[190]。

經濟大國日本的根源

以一九四五年八月十五日為界線，日本彷彿變成了另一個國家[191]。不過，如同江

187　雖說是軍隊，結果還是官僚作風。陸軍與海軍之間嚴重各自為政，作戰策略各定各的，又各自報告戰果。陸軍情報部的成員，竟然是透過國外的新聞得知中途島海戰（按：第二次世界大戰中美國海軍和日本海軍在中途島附近海域進行的一場大規模海戰）的實際情況。難怪會打輸啊！

188　戰死者的數字包含第二次中日戰爭。日俄戰爭的死亡人數約九萬人。

189　馬克．費侯《殖民地歷史》（植民地化の歴史），新評論，二〇一七年。

190　但得被迫放棄殖民地和占領地的資產。根據估算，光是朝鮮半島就有當時國家預算的四倍資產，而滿洲國則有七倍的資產。青山誠《太平洋戰爭的收支決算報告》（太平洋戦争の収支決算報告），彩圖社，二〇二〇年。

191　把大日本帝國改成日本國後，連憲法也跟著修改了。

戶社會影子延續到明治一樣，戰前的也延續到了戰後。有研究者主張，正是戰爭時期形成的日本型經濟模式，使日本在戰後得以高度成長[192]。日本把目標從打贏戰爭，轉換成邁向經濟大國，經濟終於達到前所未有的成長。

其實，日本社會保障的基礎，也是在戰爭時期訂定的。基於陸軍的要求，日本在一九三八年設立了厚生省（譯註：職掌衛生和社會福利），開始推行國民健康保險制度和厚生年金保險制度。充實福利制度，是為了增進國民健康，培育出健康的士兵。

戰爭和經濟成長，確實有很多相似之處，因為兩者都需要國家上下一心達成某個目標，因此為了戰爭而建立的制度，也有利於經濟成長[193]。

為什麼我說日本很幸運？因為日本戰敗了，所以才能夠慢慢發展經濟。戰後的一小段時期，東側陣營的中國沒有加入世界市場；韓國和東南亞是親美的獨裁政權，不僅政情不穩定，教育水準也低；而美國等先進國家的製造業則漸顯頹勢，在這樣的局勢中，日本得以取而代之成為世界工廠。

幫助日本成為經濟大國的推手就是美國。美國身為戰勝國，決議不向日本求取賠償金，隨後多數國家也紛紛放棄向日本求償[194]。美國如此優待日本的原因，是因為日本在軍事戰略上處於重要位置。隨著冷戰和韓戰的爆發，身為資本主義盟友的日本，身價變得水漲船高，而且戰爭結束後，美國國內馬上就出現不能讓日本的生活水準低於亞洲諸國的意見，只能說日本當時真的非常幸運。

不存在繩紋臉和彌生臉

戰後的一小段時期，人們總愛說「好想回到昭和八年」，但這種話也只流行一陣子而已，因為沒多久，日本就迎來超越昭和八年的榮景。

到了一九五六年，日本再度恢復到戰前的經濟水準。當初放掉殖民地時，人口銳減至七千兩百萬，而一九六七年則終於突破一億人。而且根據一九六九年的GDP，日本已經躍升世界第二經濟大國。人們的生活也隨之改變。一九六〇年代是日本的高度成長期，各個家庭都擁三種神器——黑白電視、洗衣機和冰箱。

---

192 野口悠紀雄《增補版 一九四〇年的體制》（增補版 1940年体制），東洋經濟新報社，二〇一〇年。

193 GHQ（駐日盟軍總司令部）所實施的獨占禁止法、解散財閥、勞動組合法、剝奪公職，以及農地改革等戰後改革措施也相當重要。倉澤愛子等編《為什麼現在是亞洲・太平洋戰爭》（なぜ、いまアジア・太平洋戦争か），岩波書店，二〇〇五年。

194 日本賠償的國家只有菲律賓和印尼等四國而已。而且也不是用現金賠償，基本上是實物賠償和勞務賠償。日本協助亞洲國家設置發電廠和各種工廠，並提供相關技術。此舉也成為日本企業前進東南亞的跳板，等於是賠償兼做生意。

一九六四年，日本舉辦了東京奧運。小說家石川達三原本很反對奧運，後來卻稱讚奧運的開幕式有如夢境般美麗，並讚嘆戰後殘敗不堪的日本，竟然只要花二十年就復興至此[195]！飲食也有所改變，新興的加工食品火腿和香腸，也是在這個時候普遍出現在大眾餐桌上，動物性蛋白質、脂肪和維他命的攝取量，也在這時大為增加。

當時有一個話題，叫做「你的臉是繩紋臉還是彌生臉？」居住在列島的人們確實源自好幾個時代，但從考古學家的角度來看，這一點意義都沒有[196]，因為二十世紀的日本人，尤其是戰後的日本人，無論是身高或骨骼，都與原始日本人差異頗大。進入二十世紀後，日本男女的平均身高都多了十公分以上，主要是腳更長，體態更好了。

即使同為現代人，外型從演員佐藤健到日本編輯中瀨 yukari，什麼樣貌的人都有。因此在同時代的人當中，要認定屬於哪種臉是不可能的。即使是繩紋人，應該也有人是眼睛細長且單眼皮；彌生人應該也有大眼睛、厚嘴唇。總之，比起之前居住在列島上的人，戰後的日本人就像是格列佛一般的存在（身高外貌改變不少）。但是這個格列佛，現在也被迫站在分歧的岔道上。

7 日本第一的泡沫狂亂，持續中

少子高齡化的日本正站在分歧的岔道上。預估二〇四〇年左右，日本的高齡人口將突破四千萬人，而且這些高齡人口中，每四人就可能有一人會罹患失智症。ＡＩ究竟能否成為救世主？

漫長的昭和時代結束，一九八九年邁入平成時代，這個國家陷入「泡沫」所帶來的狂亂中。在破滅之前，這個泡沫景氣持續了一段時間[197]。當時某個著名廣告歌裡面有提到「你能奮戰一整天嗎」。

195 《朝日新聞》一九六四年十月十一日早報。
196 片山一道《骨頭訴說日本人歷史》（骨が語る日本人の歴史），ちくま新書，二〇一五年。
197 雖然有人指出，當時也有人把好景氣稱為泡沫經濟，但是在一九八九年以前，都是說好景氣居多。

其中的奮戰，指的是工作。這首歌是上班族聚會必播的歌曲。從現在的角度來看，完全就是一首血汗歌啊！雖然很想吐槽懂不懂勞基法啊？不過，在歌頌泡沫時代的人們眼裡看來，這首歌分毫不差的體現出當時的時代氛圍[198]。

當時的人們似乎都處於過度亢奮的狀態。位於東京都中心的上班族，穿著墊肩白襯衫加吊帶，在迪斯可恣意玩樂。到了聖誕夜，情侶們稀鬆平常的享用昂貴套餐，旅館到處都客滿。一九八九年末，東京證券交易所的平均股價，爬到史上最高的三萬八千九百一十五日圓。

當時全世界都盛讚日本。現在雖然被大家當作笑話看待，但是當時美國的社會學家甚至出了一本書叫做《日本第一》，宣告日本是未來經濟的標竿。

不過，這段瘋狂的時代並沒有持續太久。

一九九〇年初期，股價就開始緩慢下跌，接著八月爆發伊拉克攻打科威特的戰爭，造成股價急速下滑。到了十月，日經平均指數一下跌破兩萬日圓，日本進入長期景氣低迷時期，也就是所謂的失落的世代。

雖說如此，在一九九〇年代，日本真正的變化不是泡沫破滅，而是邁入高度成長期的日本型工業社會開始遇到瓶頸。戰後的日本，政府決定發展重點產業，建立以經濟成長為優先的社會制度。冷戰下的中國，還無法成為世界工廠，而日本則以製造大國之名，享譽世界。

不過在進入一九九〇年代後，受到日圓上漲和冷戰終結的影響，大型製造業者開始把生產據點轉移到亞洲各國。日本製造業的就業人數在一九九二年達到頂峰，但一九九四年就被服務業的就業人數超過了。

像這種不以製造業掛帥，而是以資訊產業和知識產業為中心的社會，被稱為後工業化社會。而日本從一九九〇年代中期，正式進入後工業化社會。進入後工業化社會後，少子高齡化逐漸從根本改變日本。大家可能想說：「這種事我早就知道了！」不過，人口變化所造成的影響非比尋常，從消費到社會保障都會被波及。

世界第一高齡社會

以往日本是個年輕的國家。在一九五〇年，日本人的人口平均年齡是二十二・二歲，一九六〇年也只到二十五・六歲，但是到了二〇二〇年則變成四十七・八歲

---

198 伊藤洋介《是泡沫經濟》（バブルでしたねぇ），幻東舍文庫，二〇一一年。作者是山一證券的員工，在職期間組成 SHINE'S 團體，於日本演藝幕後工作者秋元康的綜藝節目出道，之後也以 Tokyo Purin 活躍於演藝圈，是受惠於當時經濟的典型人物。

（見下方圖表），是世界第一年邁的國家。一九九〇年代是日本最多年輕人的最後時代，因為團塊二世的世代（一九七一年至一九七四年出生的人）的年輕人，剛好來到二十幾歲。

數量就是力量。日本有一部以一九九〇年代的女高中生為主題的電影，叫做《Sunny 我們的青春》[199]。當時的女高中生備受矚目的最大原因，就是因為那個時代的年輕人特別多[200]。

比方說在一九九五年，十五歲到二十九歲的人口是兩千七百二十四萬人，即使只算二十多歲的人，也有一千八百六十八萬人。這個數字到二〇一九年時，分別減少到只剩一千八百四十萬人和一千兩百六十三萬人（見一三〇頁圖表）[201]。有人說年輕人不買東西，但這是因為年輕人口少了三成以上，年輕人取向的市場當然顯得低迷。

日本零售業營業額的高峰落在一九九六年[202]。從個

▼ 日本逐漸高齡化

年代	人口平均年齡
1950 年	22.2 歲
1960 年	25.6 歲
2020 年	47.8 歲

別種類來看，國內書籍、雜誌的銷售冊數達到高峰是在一九九六年，音樂CD[203]的銷售張數高峰則是在一九九八年。一九九〇年代中期，漫畫雜誌《週刊少年 Jump》的發行冊數達六百五十三萬冊，CD也陸續出現《無名的詩》（按：日本樂團 Mr.Children 的第十張單曲）、《DEPARTURES》（按：日本樂團 globe 的第四張單曲及其中一首代表作）等銷售破兩百萬張的暢銷專輯。日本國內貨運量、酒類銷售量和自來水用水量，也在一九九〇年代後半至二〇〇〇年左右達到頂峰。

後工業化社會和少子高齡化，是一九九〇年代日本的兩個轉折點。不過，日本並沒有妥善解決這些危機。

---

199 從韓國電影改編，正式的電影名稱是《SUNNY 強い気持ち・強い愛》。了解當時情況的人指出，《Sunny 我們的青春》裡面的高中生皮膚都太白了，髮色反而太深了。一九九〇年代已經被載入日本史，成為重要的事件之一了。

200 還有一九六〇年代後半，人們特別關注校園紛爭等與年輕人相關的事件，這也與團塊世代剛好來到二十歲左右的人口變化有很大的關係。

201 日本總務省《人口推估》。都用各年十月一日當比較基準。

202 日本經濟產業省《商業動態統計》，全國的百貨公司、超市和網路購物等總計銷售額，除去燃料零售業，各零售業在之後變逐漸減少。

203 全盛時期時，為了聽一、兩首歌，年輕人會花費約一千日圓購買CD。順道一提，一九九八年東京的最低工資是時薪六百九十二日圓。

政府面對泡沫後的經濟低迷，選擇增加公用事業（按：是指負責維持公共基礎設施服務的體系或機構，包括電力、供水、廢物處理、汙水處理、燃氣供應、交通、通訊等，視情況會開放民營企業經營），於是地方相繼興建公用設施和大型道路，其花費在一九九八年耗費超過十四．九兆日圓。

雖然給人公用事業很完善的印象，但光是在一九九〇年代就投入了非常龐大的稅金[204]。最後，公用事業也全然沒有挽回日本的經濟。

沒有出現第三次嬰兒潮

少子高齡化的應對也完全失敗。從二〇一五年開始，日本的人口就開始逐漸減少，其實在二〇〇〇年代曾有起死回生的機會，因為在一九九〇年代席捲社會的高中生團塊二世世代，剛好邁入結

▼1995 年與 2019 年的年輕人人口

年代	歲數	人口
1995 年	15～29	2,724 萬人
	20～29	1,868 萬人
2019 年	15～29	1,840 萬人
	20～29	1,263 萬人

婚和生產的適齡期。

如果在一九九〇年代有出現第三次嬰兒潮，這個國家現在應該到處都是孩童吧。當時的日本厚生省也很期待嬰兒潮的到來，所以並沒有針對少子化擬定什麼好對策。

日本在當時竟然僅只有製作提倡生育的宣導歌曲而已[205]。厚生省因應低出生率，成立了「歡迎寶寶宣傳活動委員會」，並集結認同該理念的歌手發表了歌曲〈我們來到這世上，就像那一天一樣〉（僕らが生まれた　あの日のように）[206]。

一九九三年，這首由人氣歌手小田和正和飛鳥涼參與製作的單曲，雖然創下超過八十萬張的紀錄，可惜歌曲的力量終究沒能遏止少子化發生[207]。

實際上，一九九〇年代，日本已經出現待機兒童（譯註：沒有申請到幼兒園的孩子）的問題，但是像充實幼兒園等必要的相關政策，卻一直被往後推遲，而且一直以

---

204 日本民主黨打出「從建設轉向人民」的口號，在二〇〇九年成功接掌政權，但其實早從二〇〇〇年代就已經開始削減公用事業費。

205 NHK特輯〈從今往後〉（私たちのこれから）製作組編《超少子化》，ポプラ新書，二〇一六年。

206 USED TO BE A CHILD〈我們來到這世上，就像那一天一樣〉（僕らが生まれた　あの日のように），一九九三年。

207 獲得收益被用來建設北海道風連町（現在的名寄市）、愛媛縣金治市、烏山町（現在的那須烏山町）的孩童戶外設施「風顏小島」（風の顔らんど），似乎偏離了焦點。

來，少子化都被歸咎為年輕人的想法出了問題。

大家總愛說現在的年輕人都草食化（按：性格內向、消費節儉、沒有野心、樂於過著安逸而平淡的生活，對性愛沒有興趣），難怪小孩也變少了。不過，即使是很肉食的年輕人，也可以避孕或是拿掉孩子。實際上一對夫妻生養孩子的能力是有限的。因此，草食化和少子化之間應該沒什麼關係。但很多人還是相信，只要改變年輕人的想法，就可以解決少子化的困境[208]。

二〇〇七年開始，日本出現婚活（按：泛指各種聯誼、相親，以結婚為目標的活動）一詞，地方政府會積極推動婚活聚會，或是相關的教育活動，但想當然的，這些都沒能有效提升出生率。

二〇一〇年代中葉，團塊二世世代的生產適齡期迎來尾聲，二〇一六年的新生兒數目還不及一百萬。一九四九年有兩百六十九萬人，一九七三年甚至也還有兩百零九萬人（見下方圖表），簡直是非常驚人的變

▼ 新生兒驟減

年代	新生兒人數
1949 年	269 萬人
1973 年	209 萬人
2016 年	不到 100 萬人

化啊[209]！

平成時代始於一九八九年，於二〇一九年五月結束。歷時三十一年的平成時代，總有種想要延續昭和時代的感覺。

社會學家小熊英二對平成的看法如下：「一九七五年前後建立的日本型工業社會，衍生出許多社會問題，政府拒絕認清現狀和轉換價值觀，為了推遲問題，所以耗費了許多補助金和心力。」[210]

這樣的平成，在二〇一九年五月以後也仍然沒有改變。尤其原本預計在二〇二〇年舉辦的東京奧運和身障奧林匹克運動會，可謂是平成的大盛會。

以往人們相信奧運會帶來極大的經濟效益，不過根據最近的研究顯示，其實效益並沒有預期中的大[211]。資金大都集中在廣告業和建築業等部分產業，全國人民並沒有

---

208 雖說是草食化，但年輕人的性經驗比例，比起一九七〇年代，是呈現上升傾向，因此草食化這個字眼本身就有問題。年輕人不買車也是同樣道理。這就只是把人口變化，歸咎為年輕人的想法出了問題。詳細請參考古市憲壽《絕望國度裡的幸福青年》（絶望の国の幸福な若者たち），講談社＋α文庫，二〇一五年。

209 由於一學年的人數減少太多，所以出版社小學館的小學生學習雜誌只剩下《小學一年生》，其餘都停刊。

210 小熊英二《平成史 完全版》，河出books，二〇一九年。

211 安德魯·辛巴里斯（Andrew Zimbalist）《奧運的詛咒》（八旗文化，二〇二〇年），ブックマン社，二〇一六年。

享受到什麼利益。從龐大的稅負來看，反倒很多人蒙受損失。

奧運除了聖火，也帶來經濟詛咒

光靠奧運，根本無法挽救國家經濟，只要看近年主辦過奧運的國家就可以一清二楚。希臘（雅典）、中國（北京）、英國（倫敦）和巴西（里約），多數國家至今仍陷在經濟困境中，我看這根本是「奧運的詛咒」。但是日本在舉辦奧運之前，就已經遭到詛咒了啊！

日本還決定在二〇二五年舉辦大阪世界博覽會。根據官方網站的資料，該博覽會將誕生新技術和新商品，使生活更加便利。政府甚至估計會帶來兩兆日圓的經濟擴散效益，講得真是煞有其事。不過我覺得舉辦世博這件事，根本就很過時好嗎？以往的世博，確實是把未來具體化的一大盛會，但是後工業時代的未來，有很多東西都無法具體化。

智慧手機和ＶＲ虛擬實境眼鏡，早就讓我們看到未來社會的端倪。即使不刻意大規模開發，只要趕快全面開放 Uber（按：依日本〈道路運送法〉的規定，經營載送乘客的服務司機必須取得職業證照，因此 Uber 在日本是違法的），並設置無人車特區，就可以抵達未來世界。所謂兩兆日圓的經濟擴散效益，最終應該也是集中在部分產業吧！

回想一九六四年東京奧運的好光景，那也是因為日本當時正處於高度成長期，奧運所帶來的影響只是錦上添花而已。所以，當今日本所面臨的問題，絕對不是舉辦奧運或是世博就可以解決的。

新冠肺炎會改變社會嗎？

受到新冠肺炎的影響，可能使東京奧運面臨停辦的風險（按：根據第三十二屆夏季奧林匹克運動會組織委員會官方網站顯示，東京奧運預計於二〇二一年七月二十三日舉辦開幕式）。其實奧運原本就負面話題不斷，先後經歷新國立競技館的撤回建築計畫案事件（按：最初在二〇一二年所選出的競圖首獎是由建築女爵札哈．哈蒂〔Zaha Hadid〕贏得，然而其在場館外觀設計及花費上都受到各界強烈批評，為此日本前首相安倍晉三經過審慎評估後，決定之前計畫將作廢，一切重新調整）、建築師札哈．哈蒂過世、Logo 設計抄襲風波（按：設計師佐野研二郎提出的設計方案成功獲選，然而比利時設計工作室 Studio Debie 提出質疑，表示佐野研二郎所設計的標誌，抄襲了他們為比利時列日劇場〔Theatre de Liege〕所製作的品牌標誌，雖設計師佐野研二郎極力否認，也提出自己的設計理念，但最終東奧委員會還是撤下此款設計，並由設計師野老朝雄的「組市松紋」獲選）和主辦權賄選疑雲。竟然還碰到新冠肺炎。這在古代，應該要鑄造大佛來消災了吧！

大家都在議論新冠肺炎會給社會帶來什麼樣的影響，藉這個機會，確實可以重新檢視國家的共同價值。全世界的國境都遭封鎖，各個國家只能自己想辦法對抗病毒，即使與歐盟簽定了《申根公約》（按：是一項歐洲大陸國家間的條約協定，其簽約目的是取消相互之間的邊境檢查點，並協調對申根區之外的邊境控制，持有任一成員國有效身分證或申根簽證的人，可以在所有成員國境內自由流動）的歐洲也一樣[212]。

許多人紛紛呼籲，國家要強硬起來，日本也要學歐美國家採取強硬的封城做法。此外，參考確診人數相對得到控制的韓國，許多人也呼籲國家為了維護公共衛生，應該要擴大掌控個人資訊[213]。

新冠肺炎很容易讓高齡感染者變成重症。歐美國家的部分年輕人開始發起「嬰兒潮世代終結者」（Boomer Remover）運動。「Boomer」的意思就是指嬰兒潮世代（一九六四年以前出生），相當於日本的團塊世代。這些偏激思想主張：「為什麼連我們年輕人都要為了老人而被限制自由？我們上街去吧！反正死的都是那些老人！」

不過，日本並沒有引發嚴重的世代對立。包含那些生活僅受到些微損害的年金族群，政府都發給全國國民一筆定額給付金，這筆支出由赤字公債給付[214]，也就是跟未來世代借錢渡過國難，但是這筆借款該如何償還卻仍無頭緒。

許多人認為新冠肺炎會建立新社會，但就現況看來，卻是讓原本就有的社會落差更加擴大。大企業的正職員工和年金族群等生活穩定的上層國民，所受到的經濟損害微乎其微，但是工作不穩定的勞工，卻只能在相對高風險的職場上討生活[215]。

社會急劇變化，往往源於人口的改變，或是舊世代的領導者退位讓賢、世代交替的時候。以往的瘟疫或許改變了社會，但在醫療技術發達的現代日本，新冠肺炎所帶來的改變是有限的。

---

212 不過在掌握病毒和研發疫苗方面，是由全世界共同合作進行，國際物流也仍然維持運作。有些社會學家的看法樂觀，甚至把新冠肺炎危機視為邁向世界共和國的第一步。大澤真幸、國分功一郎《新冠肺炎時代的哲學》（コロナ時代の哲学），左右社，二〇二〇年。

213 有意思的是，就連一直以來強調個人自由和隱私的人們，都十分贊同歐洲和韓國的政策。

214 有人認為國債是政府的借款，不是國民的，所以覺得沒問題。真是謬論！如果可以無限發行赤字公債的話，世界各國就不用再徵稅了吧。由於政府無法從事生產活動，所以財源才必須仰賴徵稅！

215 發布緊急事態宣言的狀態下，看護人員和超市員工被建議繼續堅守崗位，這些職場大都仰賴年輕人和女性勞力。

想預測未來，看人口結構最清楚。因為大家都知道，勞動人口多、高齡者少的國家普遍有利於經濟成長。

二〇二四年的問題與二〇四二年的問題

光從人口統計來看，不得不說日本的未來真是一片黑暗。二〇二四年，日本將變成高齡者大國，兩名女性中就會有一人超過五十歲，全國人民三人中就有一人超過六十五歲，而且到二〇二五年，預估將有七百萬名失智症患者，包含後備軍人在內，預估可能有一千三百萬人罹患程度不一的認知障礙症[216]。

二〇二〇年代後半，由於年輕人口減少，開始出現血庫存量不足的現象；二〇三〇年代前半，估計全國有三分之一的住宅將成為空屋，二〇三九年，日本國內的死亡人數將來到一百六十八萬人的高峰，屆時可能面臨火葬場嚴重不足的問題[217]。

二〇四二年，團塊二世世代將變成高齡者，屆時高齡人口將高達約四千萬人。身為第一代的飛特族（按：意指以固定性全職工作以外的身分來維持生計的人）世代，很多人到老都沒能存到足以維生的積蓄。從終生未婚率的推移來看，他們應該會有兩成以上的人沒有結婚[218]。那日本就會產生一大堆孤苦無依的高齡族群。而屆時失智症高齡者將直逼一千萬人，六十五歲以上的高齡者，四人當中將有一人罹患失智症[219]。部分高樓大廈將變成廢墟，鐵路路線和公車路線也將相繼廢止，隨著購物難民（按：指住家附近徒步十分鐘仍沒有商店，光要買生活必需品都很不方便的人）的增加，甚至可能出現買不到燈油，在寒冷中瑟瑟發抖的燈油難民[220]。

單從人口和社會保障來看，日本的前途簡直一片黑暗。另一方面，也有人把日本的未來描繪得一片光明。

面對人口減少和少子高齡化問題，媒體藝術家落合陽一斷言：「科技可以解決這些問題，我們不需要擔心。」[221]真是了不起的想法。他主張白領族的工作幾乎都可

216 NHK特輯《認知障礙症社會、為了讓大家都能安心生活》（認知症社会・誰もが安心して暮らすため），二〇一七年三月二十六日播放。

217 河合雅司《未來年表》（未来の年表），講談社現代新書，二〇一七年。

218 終生未婚率，一般指到五十歲從未結過婚的人的比例。二〇一五年，團塊二世世代邁向五十歲，估計男性的終生未婚率超過二七・四%，女性則超過一八・九%。國立社會保障、人口問題研究所〈人口統計資料集〉（人口統計資料集），二〇一五年。

219 內閣府〈高齡社會白皮書〉（高齢社会白書），二〇一七年。

220 河合雅司《未來年表2》（未来の年表2），講談社現代新書，二〇一八年。

221 落合陽一《復興日本策略》（日本再興戦略），幻冬舍，二〇一八年。內容有提到難以同意男女平等的西方思想、育兒工作應該由產出母乳的母親來負責才合理等顛覆世俗的思考。

以機械化，而且透過自動駕駛和機器人技術，所有的搬運工作也都可以機械化。而且他認為對日本來說，人口減少也是一大機會。如此一來，社會就必須導入機器人的自動化系統，日本還可以藉此進一步把這些經驗輸出海外。至於孩童人數減少的問題，他認為這在無形中等於增加了每位孩童的教育投資。

這絕對不是嶄新的想法。在一九六〇年，日本科學技術廳（按：二〇〇一年與日本文部省統合為文部科學省）監修的未來預測《通往二十一世紀的道路》（二十一世紀への階段）當中，就曾提到自動化可以讓人類擺脫勞動工作，機械化的時代遲早會來臨[222]。

未來到底是什麼樣子？

不過一九六〇年提到的自動化，是指車站的自動驗票機和工廠的自動化，以及室溫的自動調節、語音輸入文字等功能。即使這些功能幾乎都已經實現了，人類卻全然沒有擺脫勞動工作，因為新興產業會衍生出新的勞動需求。

自動驗票機或許讓車站員工的數量減少了，卻衍生出維護檢修設備的新工作；工廠自動化或許讓從事製造業的人數減少了，卻會讓很多人去從事新興的服務業。也就是說，即使社會持續機械化，原先工作崗位上的人並不會完全消失，反而還會有新興的工作不斷衍生出來。

從人口動態的立場來思考，未來是悲觀的，從科技的角度來看，未來是樂觀的，究竟哪一方的未來會實現？但其實這兩者的看法都過於極端。

日本正面臨勞動力不足的困境，應該很期待機器所帶來的高效率，但是我們應該要保守看待機械所帶來的效益。海老原嗣生是一名觀察社會僱用情形的記者，他估計在二〇三五年，只有九％的工作會被人工智慧取代[223]。就算人工智慧這項技術可行，倘若不符合ＣＰ值也不會被採用，因為人力作業往往由好幾項工序組合而成，很難完全實施自動化。或許目前的人事、總務業務等工作，可以透過機器節省勞力，但是看護和育兒等領域，往後應該仍需繼續仰賴人力。

比方說在二〇一五年，從事護理相關工作的人有一百八十三萬人，當時就已經面

---

222 科學技術廳監修《復刻版，通往二十一世紀的道路》（復刻版 二十一世紀への階段），弘文堂，二〇一三年。

223 海老原嗣生《「ＡＩ會取代人的工作」這種說法是騙人的》（「ＡＩで仕事がなくなる」論のウソ），eastpress，二〇一八年。

臨人手不足四萬的窘況，而到了二〇三五年，估計人手不足將高達七十九萬人[224]。需要親力親為的工作，目前看來還不會被取代。

當前的社會保障制度，是日本還在年輕國家階段（譯註：這裡指年輕人占比高）時制定的，因此在實施上十分仰賴年輕人。從現階段來說，高齡者的定義應該要從目前的六十五歲以上，改成七十五歲以上。只是維持目前的制度，日本究竟能否跨過二〇二四年和二〇四二年的考驗[225]？

日本會掀起革命嗎？

日本國號誕生約有一千三百年之久，與智人來到列島居住的四萬年歷史相比，日本的歷史僅占三十分之一而已。而且，包含北海道和沖繩在內，日本能擁有現今規模的領土，大約是在一八七〇年。

這段期間，日本曾經面臨被消滅的危機。

第二次世界大戰打得不可開交時，當時日本根據戰敗情況，或許可能面臨由美國、蘇聯，分別統治東日本、西日本的下場。反之，假使日美沒有開戰，那日本就能維持既有領土，繼續當大日本帝國。才一個半世紀而已，日本就遭遇過這些危機。假使日本之後遇到重大改變，那會是什麼樣的情況？國家發生重大改變有幾種可能性。日本就曾因為內戰，而引發權力轉移、革命，以及戰敗被占領等情況。

日本已經邁向高齡化，目前應該不至於會有內戰或是革命。一般來說，國內會頻繁發生革命或示威活動，大都是年輕階層較多的時期，這就是所謂的青年膨脹（youth bulge），如果國內有一大堆沒工作和沒地方去的年輕族群，那社會就容易動盪不安[226]。

如果想在有超過一億人口的國家發動革命，那絕對需要一個擁有非比尋常的智慧和掌控力的團體，但如果這些人的頭腦有那麼好，應該會發現做這件事根本毫無意

224 日本經濟產業省《未來常照供需與照護機制的相關研究報告書》（将来の介護需給に対する高齢者ケアシステムに関する研究会 報告書），二〇一八年。

225 調升高齡者的醫療負擔率等，確實有必要改革相關制度。不過出於新冠肺炎攪局，日本的醫療制度受到大眾重新評估。因此，當前難以積極實施社會保障改革。

226 列舉代表性的事例，一九六〇年代在先進國家爆發的年輕人示威遊行，以及二〇一〇年代的阿拉伯之春（按：因世界油價逐漸下跌，導致阿拉伯地區依賴石油出口的國家的經濟衰退、失業率居高不下、政府貪汙腐敗、人民生活貧困、專制統治、政治體制僵化、侵犯人權；領導人長期執政，不思改革，政治經濟分配不透明等因素，進而引發革命運動）等。詳細請參考貢納爾・海因索恩（Gunnar Heinsohn）《自我殞落的年輕人們》（自爆する若者たち），新潮選書，二〇〇八年。

義[227]。日本被捲入戰爭，有可能直接為他國占領，不過在第二次世界大戰以後，世界上已經很少出現大規模的戰爭了。

日本與中國、北韓等鄰國發生小規模的軍事衝突，受僱於私人軍事公司的日本籍傭兵出任務喪命，或許有可能發生這些事，但不太可能發生日本與他國相互挑釁，最後爆發戰爭[228]。

雖然隨時都有可能爆發比新冠肺炎更凶猛的傳染病，但要說日本會因此天翻地覆，倒也不至於。就像一九一八年爆發的西班牙流感，事過境遷社會大眾就會忘得一乾二淨[229]。

日本列島終結之日

比較可能發生的是，日本在未來可能逐漸喪失作為一個國家的意義。以往只能由國家來做的事非常多，舉凡軍事、教育、宇宙開發、社會保障和興建基礎設施等，這些全部都是國家的獨占事業。

但是現在需要國家的地方越來越少了。部分的軍需產業，已經好一段時間都由私人軍事公司承接，美國也有許多新創企業投入宇宙開發事業。仔細想想，現代人日常生活不可或缺的服務，幾乎都是由民間企業所提供。

被迫放棄日本國籍，與一輩子都不能使用 iPhone 等蘋果產品，也不能使用 App，從此被踢出蘋果帝國，哪一個你比較不能接受？或者也可以拿一輩子都不能使用 Google，剝奪你使用 Google 的權利來比一比。以目前來說，應該還是有很多人選擇保留日本國籍，但數十年後會變得如何，就不得而知。

國家或許不會放棄正當使用暴力的權力和徵稅權，但國家如果只專注維護治安，以及決定經費怎麼使用，最後應該會變成可有可無的政府吧。像這樣的日本，誰也不知道它往後還能持續幾個世紀。

未來或許會發生氣候變化或隕石撞擊等自然現象，導致日本人大量銳減，但以目前看來，這都還只是科幻想像而已[230]。當然，就像六千六百萬年前，陸地上的王者恐

227 岡田斗司夫《有可能「征服世界」嗎？》（「世界征服」は可能か？），筑摩新書，二〇〇七年。在資本主義社會中，不要說掌控日本，就算征服世界也都撈不到什麼好處，因為幾乎所有的野心，都可以用金錢填滿。

228 與近代初期不同，目前各國都已經發展成熟，有很多需要保護、顧慮的東西。在經濟相互依存的情勢下，貿然發動大規模戰爭，風險實在太大了。

229 西班牙流感導致日本近五十萬人喪命，但是日本歷史課本卻沒有把它當成大事件。詳細請參考速水融《襲擊日本的西班牙流感》（日本を襲ったスペイン・インフルエンザ），藤原書店，二〇〇六年。

230 假使地球暖化造成海平面上升，造成東京、大阪等沿岸都市衰退，但到時候應該會實施新的國土計畫吧。

龍滅亡一樣，人類也有可能滅亡。

地球在過去的五億年間，曾發生過五次大滅絕（奧陶紀末期、泥盆紀末期、二疊紀末期、三疊紀末期和白堊紀末期）。無論是多麼繁盛的物種，都有可能滅絕，人類也不例外。

從化石的紀錄估算，物種的平均壽命約為兩百萬年[231]。智人種誕生至今約有二十萬年，若從平均來看，人類的歷史應該還會持續一段時間吧。如同部分恐龍進化成鳥類一樣，假使發生大滅絕，或許會有部分人類倖存下來。

可以確定的是，日本早晚會滅亡。根據模擬實驗，從二〇二〇算起約五十萬年後，九州會分裂成南北兩塊陸地。到時候，從別府灣經過九州阿蘇山北端，再經過熊本縣熊本市，直到長崎市雲仙市附近，就是南北兩塊陸地的分隔線[232]。

再經過一段時間，日本將被東邊的太平洋板塊，以及澳洲大陸擠壓，再度與歐亞大陸融合。也就是說，日本會被中國、美國和澳洲夾擊，最終消失。

預測兩億五千萬年後，地球將再度形成一個超級大陸[233]。假使人類得以以某種形式存續下來，或許有關日本的記憶或紀錄還能留存下來，但是地理上的日本必定已經消失無蹤。

之後的數十億年間，太陽會膨脹成為紅巨星。屆時地球的氣溫就會上升，海洋也會蒸發，因此一般認為地球的壽命約為十億年左右。也就是說，地球和日本的壽命都是有限的。所謂日本史，也不過就像泡沫一樣，僅在浩瀚的歲月中存在一小段時間而已。

231 池谷和信編《日本的野生生物與人》（日本列島の野生生物と人），世界思想社，二〇一〇年。恐龍的資料參考史蒂芬．布魯薩特《恐龍的世界史》（恐竜の世界史），みすず書房，二〇一九年。

232 〈日本列島 創成史〉，《Newton 牛頓雜誌》二〇一八年一月號。

233 雖然現在為超級大陸取名真的太早了，但無論是終極盤古大陸，或阿美西亞大陸等，都是根據大陸移動的數種假設所命名的不同名稱。板塊移動雖然能以數十萬年為單位做預測，但還是很難模擬未來。我們預估將來會再度形成超級大陸，但目前看來也只是一種假設而已。

第二部

用六個不同角度看日本史

1 稻穗之國，早期根本沒有米

我在第一部敘述了日本的誕生與消亡假設。不過，歷史就是要從多元角度探討才容易理解，因此從本章節開始，我想從米和戰爭等特定主題切入，以超高速度帶大家回顧日本歷史。

日本的美稱叫做瑞穗之國[234]。瑞穗的意思就是嫩綠的稻穗。稻穗長成稻穀，並脫去稻殼後就是米，米經常被稱為是日本人的主食，或是靈魂料理。

不過，智人是在約四萬年前開始住在日本，那時並沒有野生稻米[235]。居住在島上的人類，一開始都是吃猛瑪象和大角鹿等大型獸類維生[236]。

約兩萬年前，地球開始變溫暖，針葉林開始演變成山毛櫸和枹櫟等闊葉樹，島上被覆蓋在大片蓊鬱的森林裡。由於植被改變了，大型獸類也跟著消失。列島上的人類於是轉而獵捕野豬和鹿等中小型哺乳類，他們也很喜歡採摘森林裡的樹木果實。

氣候暖化造成海平面上升，形成了內海。內陸飽含養分的水和土砂被帶到內海中，使魚、貝類開始繁殖。這個時期，越來越多人不再狩獵和採集，轉而開始定居生活。定居的好處很多，例如有利於生產和育兒，即使是活動力低的身心障礙者或高齡者，也可以被接納為團體的一分子。因此，現在的人類幾乎都生活在固定區域[237]。不過，定居生活的缺點也很多。

首先是垃圾和排泄物會汙染環境。如果不確實清潔和控制排泄，團體生活可能會成為傳染病的溫床。此外，團體成員之間如果產生衝突也很難脫身。隨著定居的時間越長，麻煩的約束也會越多！

人為什麼會開始想固定在某一區生活？對人類來說，一邊狩獵一邊遷徙的狩獵採

234 二〇一七至二〇一八年在媒體掀起軒然大波的森友學園（按：日本財務省涉嫌低價賣出國土給森友學園，後因無強力證據，檢方決議不予起訴），原本預定開設瑞穗之國紀念小學院。崇尚保守的人們特別愛用瑞穗之國這個詞。

235 正確來說，雖然可能會有，但並非智人的主食。

236 永山久夫監修《日本人至今為止都吃了些什麼》（日本人は何を食べてきたのか），青春出版社，二〇〇三年。

237 二〇一二年左右，日本流行把脫離上班族生活、在星巴克辦公的族群稱為「游牧工作者」（nomad）。不過，後來大家便不再使用這一詞，就連提倡此名稱的安藤美冬也甚少在媒體上曝光。

集生活應該也不壞吧[238]？

狩獵採集的生活，是不大需要工作的，人們不必做家事，只要專心狩獵就可以。即使是現代生活在喀拉哈里沙漠（非洲西南部）這種嚴酷環境下的狩獵採集民族，據說一週只需要工作三十五至四十五小時，換做日本這樣豐饒的自然環境，或許工作時間會更再少一點吧。

狩獵採集民族的飲食生活，一般來說都很豐盛。由於沒有農耕和種植，他們不必只攝取單一食物。從野莓、野菇到鰻魚、野豬，他們從多樣化的食物當中攝取豐富營養。相較之下，剛開始農耕生活的人類，每天只能吃同樣的東西，還得煩惱會不會營養失調。不過約在一萬年前，世界各地的多數人類，幾乎同時放棄了狩獵採集生活，並開始定居、實施農耕。

農耕革命

以往我們認為，人類發展到一定程度之後，便會放棄狩獵採集生活，然後進步到農耕階段。不過，現在很多人都反對這種說法。那究竟發生了什麼事，才使人類步入農業？

其中一個理由是氣候出現變化。約兩萬年前，末次冰期結束，地球開始暖化。不過並不是一下子就變暖，期間也有多次轉冷。其中衝擊最大的，就是發生於約一萬一千七百年前前後數百年的「新仙女木期」（Younger Dryas），地球因此再度恢復寒冷[239]。

新仙女木期的寒冷氣候，使西亞的植被變得稀疏，野生動物也跟著減少。氣候惡化減少人類的食物來源，迫使人類不得不發起農耕革新[240]。根據以往的說法，農耕起源於中東，之後才普及全世界。不過，目前出現了更有力的觀點，主張各地都獨自發展出農耕。

農耕革命只出現在中東、中國和中美洲等特定地區，這是因為此地區比較適合動植物生長。新仙女木期好像沒有對日本列島造成重大影響[241]。實際上，列島開始有人定居的時期，應該比新仙女木期還要更早，農耕也不是一下子就普及。

238 哈拉瑞《人類大歷史》，河出書房新社，二〇一六年。
239 佐藤洋一郎《從食物來看人類史》（食の人類史），中公新書，二〇一六年。
240 在更之前的時代，應該也有出現零星的定居和農耕。約一萬年前開始，氣候漸趨穩定，使全世界的環境變得適合發展農業。池谷和信編《從狩獵採集者的角度來看地球環境史》（狩猟採集民からみた地球環境史），東京大學出版會，二〇一七年。
241 安田喜憲《人類一萬年的文明論》（人類一万年の文明論），東洋經濟新報社，二〇一七年。

至於為什麼開始定居生活，有幾種說法。有人說是因為暖化造就了豐饒的環境，所以不必再到處遷徙[242]，也有人說是為了方便漁獵[243]。狩獵所需的弓箭和棒子攜帶方便，但是漁網、魚梁和筌等定置漁具卻不易搬運[244]。魚叉之類的漁具雖然也可以捕魚，但是沒辦法一次捕很多。

不同地區的列島人可以捕到不同的魚貝類。比方說，關東地區的貝塚發現了黑鯛、蛤蜊，富山縣發現鯊魚，石川縣則發現海豚的殘骨。根據東京中里貝塚的挖掘成果，有研究者認為，當時的人們已經開始養殖牡蠣。如果有如此豐饒的環境，列島還需要農耕嗎？

日本何時開始農耕？

以黃豆為例，大約在七千年前，也就是西元前五〇〇〇至西元前四〇〇〇年左右，東日本就已經開始種植黃豆[245]。以往認為黃豆源於東北亞，跟著稻作一起傳來日本。不過，根據最新的民族植物學研究，日本島民在更早的時代，就已經開始種植黃豆和紅豆了。之後，豆類種植逐漸普及列島，西元前二五〇〇至西元前一六〇〇年左右，從東北到九州的廣大區域都有種植黃豆。

不管這能不能被定義為農耕，至少讓我們知道繩紋時代也有出現種植行為[246]。以現代人的角度來看，豆類就像配菜一樣，但其實豆類富含蛋白質，也是人口增加的原因。繩紋時代聚落的大規模化，其實也與種植豆類等植物有極大的關聯。當時的島民主要吃的植物是橡實、核桃和栗子。他們善用聚落周邊的森林資源，加以栽培和管理植物。

其中，栗子最為重要。栗子不像橡實那樣需要去澀，是供給澱粉的重要來源。除了日本，栗子也在東亞廣為食用，所以栗子的種植應該很普及。栗樹也可能被拿來作為建材或是薪材。對照野生栗子，日本青森縣三內丸山遺跡挖掘到的栗子殼，其DNA結構都極為相似。顯示人類很可能以某種方式介入栗子的生長。

---

242 岡村道雄《繩紋生活誌　改訂版》（縄文の生活誌 改訂版），講談社，二〇〇二年。

243 西田正規《人類史中的定居革命》（人類史のなかの定住革命），講談社學術文庫，二〇〇七年。

244 所謂魚梁，就是在河川的急流處架設木材，用以攔截水流捕魚的裝置。筌是筒狀的捕魚道具。

245 小畑弘己《播種的繩紋人》（タネをまく縄文人），吉川弘文館，二〇一五年。

246 繩紋時代是指約一萬六千年前至三千年前的時代。這個時代的特徵是使用陶器，以及開始定居生活。一般認為在之後的彌生時代，島民開始了農耕（水稻）生活。

為了處理植物，出現了各種陶器。陶器可以用來軟化果實和去澀加工。他們把採集得來的黏土塑造成器物形狀，待乾燥後以七百至九百度的高溫燒，陶器就完成了。

現今世界最古老的陶器發現於中國江西省，是距今約兩萬年前的陶器碎片。日本最古老的陶器是在青森縣發現的，推測為距今一萬六千年前的陶器碎片[247]。

靠橡實栗子分散風險

日本人的主食——稻米，是什麼時候傳入島上的呢？野生水稻的起源，推測是在古生代末期或新生代初期[248]。

始於六千五百萬年前的新生代，是有利稻米生長的時代。中生代溫暖、溼度高，茂密的森林覆蓋多數陸地，不利於稻米這種小草類植物繁殖。到了新生代，地球環境變得不穩定，不利於森林生長。在森林恢復之前，冰河期再度到來，草原因此變多，稻米於是普及於世界各處的熱帶區域。

時代快速流轉。在中國長江下游，人類開始種植稻米，稻作遺跡集中在江蘇省和浙江省。人類最早開始種植稻米，是在距今約八千年前。

這種栽培稻，可能經由中國或是朝鮮，最後再傳到日本[249]。至於何時開始種植水稻，比較有力的說法是從西元前十世紀（距今約三千年前）左右。以往認為稻作開始於西元前四世紀左右，這應該追溯得過早了，從列島人類史的角度來看，應該沒有那麼早。

人類居住在日本距今已經四萬年，如果把這段時間以一整年來算的話，那麼西元前十世紀就相當於會在一年中的十二月五日左右。**稻米雖然被當作是日本人的主食**，但是列島人吃**稻米的歷史其實非常短**。

列島最古老的水田遺跡，就是位於佐賀縣唐津市的菜畑遺跡[250]。

面向日本玄界灘（按：世界有名的漁場）的唐津市，發現了非常多的古蹟。一九八〇年，專家對菜畑遺跡進行調查，發現炭化米、鍬和石菜刀。一九九〇年，地方政府設置博物館和公園展示這些遺跡。

---

247 〈世界最古老的陶器碎片在中國〉（中国で世界最古の土器片）《日經新聞》二〇一二年六月二十九日早報。認為在之後的彌生時代，島民開始了農耕（水稻）生活。

248 距今約兩億五千萬年前恐龍誕生，古生代末期比恐龍誕生的時間更早。有關稻米的資料，請參考佐藤洋一郎《水稻的歷史》（イネの歴史），京都大學學術出版會，二〇〇八年。

249 有經由朝鮮半島的說法、從長江河口直接傳入九州的說法，以及從沖繩、南洋諸島傳來的海上路徑說法。

250 不必認為「稻作＝水稻」。即使沒有畦和灌溉設施也可以培植稻米。

重點是除了水田外，還發現鍬等木製農具，以及用來摘穗的石菜刀[251]。這表示除了稻米以外，連水稻的耕作技術也一併傳來日本[252]。雖說是水田，當初也只是堆土做畦，簡單挖一下水渠而已。隨著時代演變，人們開始用木製板樁加固田畦和水渠[253]。

不過，菜畑的人們不是只種稻米而已。從遺跡來看，還發現野兔、鼯鼠、儒艮和海豚等動物骨骸，也挖到很多鯊魚、鰤魚等魚骨。顯示他們除了稻作外，還兼狩獵採集、捕魚和耕種旱田維生。也就是說，雖然稻作技術傳來日本，但是稻米在當時並沒有成為人們主食。

水田稻作也沒有馬上在列島廣泛種植，有一段時間是旱田的占地較廣。實際上，從彌生時代遺跡挖出來的橡實還比稻米多[254]。當時的村落有一種存放堅果的儲藏穴，有時為了去澀會注水進去。

後來彌生人好像覺得光吃米不能填飽肚子，所以他們的米不大會單獨蒸來吃，而是與橡實等堅果類、雜穀和薯類混在一起像粥那樣吃[255]。我不大清楚古代人的味覺，但感覺好像很難吃。

米的特徵就是升糖指數（ＧＩ值）很高。當時的人應該覺得，米是一種吃了就會很有精神的神奇食物[256]。在現在看來，米是減重天敵的高ＧＩ食品，但對當時從事農耕和造墓等勞力工人來說，應該是很珍貴的食物。以前沒有精製白米的技術，估計他們吃的米應該類似胚芽米。

所幸當時的人們沒有一窩蜂迷上種稻，可說是非常明智的選擇。因為夏天只要遇到颱風來襲，稻米一下子就泡湯了，而橡實和栗子都是秋天成熟的植物，也就是說，人們種植多樣化食材，是為了降低氣候變化所帶來的風險[257]。

251 《末盧館展示圖錄》（末盧館展示図録），唐津市教育委員會，一九九三年。

252 木村茂光編《日本農業史》，吉川弘文館，二〇一〇年。除了稻作技術外，同時期傳入日本列島的，還有環濠集落的聚落型態、支石墓（按：以數塊大巨石放置地上，一邊往外傾，地面巨石群上方承大型石板以為頂，其架構留置的空間則用作墓室）等墓制、水田耕作相關的祭祀，以及金屬器具的使用等。以下有關古代、中世農業政策的記述，也是參考本書。

253 板椿是插入土中的板狀木棒，用於隔絕水的入侵。從水田也發現生長於中國山東省以北的石龍芮，由此可知稻米也是從中國和朝鮮傳來的。

254 寺澤薰《王權誕生》（王権誕生），講談社學術文庫，二〇〇八年。

255 三世紀以中國人視角描述邪馬台國的《魏志倭人傳》，曾提及種植稻米和小米。不過，書中還描述人民會採集魚、蛤蜊、鮑魚，雖然有野生的薑、橘柑、山椒、蘘荷卻不用，一整年都是吃生菜，因此米只是食材的一種而已。

256 佐藤洋一郎《米的日本史》（米の日本史），中公新書，二〇二〇年。

257 石川日出志《建立農耕社會》（農耕社会の成立），岩波新書，二〇一〇年。

農業反而帶來營養失衡與疾病

從世界的角度來看，農業革命並沒有為人們帶來幸福。雖然食物總量增加後，人口也跟著增加，卻也帶來營養不均和新興疾病的問題。

在狩獵採集時代，人們可以享受多樣化食物，但進入農耕社會後，卻只能仰賴稻米等單一食物，造成很多人都出現營養失衡，或維他命、礦物質攝取不足等問題。此外，由於轉移到農耕社會，人們開始出現椎間盤突出、關節炎等新興疾病。麻疹、天花等由家畜傳染給人類的疾病也變多，團體生活更是成了疾病的溫床。

《人類大歷史》一書中曾諷刺道：「不是人類把動植物家畜化，而是動植物使人類變成家畜。」這時期會爆發爭鬥，也是由於定居生活，以及稻作普及的緣故。

狩獵採集民族之間或許也會發生爭鬥，但是他們彼此會保持距離藉以迴避戰爭，尤其當時島上人口密度低，團體之間不常有接觸，但定居生活就不一樣了。

在國家成立之前的農耕社會中，暴力發生率非常高[258]。在列島內部，北部九州經常發生殘酷的戰爭。聚落之間往往住得很近，以當時的技術，要擴大耕地也有限。因此，為了解決食物不足的問題，聚落之間時常發生爭奪土地和搶水源等行為。

對飽受飢餓之苦的定居聚落而言，掠奪是極其合理的選擇。由於無法放棄自己的土地，只好奪取其他聚落的作物和家畜，世界到處都可以看到農耕民族的戰爭[259]。

大和政權成立後，這種情形也告一段落，但是在數百年間，稻米的生產力仍然很低迷。七至八世紀出現了畜耕等技術革新，雖然東日本的水田面積因此擴大不少，但離水田普及仍有一段距離。

到了八世紀，出現了教科書所說的《三世一身法》和《墾田永世私財法》（制度比較見下頁圖表），政府開始推廣開發水田。

全世界的古代國家，都把米或麥等穀物當作徵稅單位。穀物每年幾乎都是同時期收成，也容易搬運。只要不脫殼，穀物還可以久放不壞。從國家的角度來看，是很方便管理的物品。不過，開發水田似乎沒有中央政府想的那麼順利。針對奈良盆地的研究顯示，水田真正普遍開發的時期，是在掌權者致力開發莊園的十一世紀以後。

政府也不是只有推廣水田開發而已。七一五年的天皇詔令，就建議百姓不要一味的耕作水田，為了防止乾旱引發飢荒，應該也要種植栗子等旱田作物。

即使在十一世紀正式開發水田，也有很多土地只耕作過一次就被棄耕，或是成為

258 阿扎爾．蓋特（Azar Gat）《文明與戰爭》（文明と戦争），中央公論新社，二〇一二年。

259 詹姆斯．斯科特《反穀》（麥田，二〇一九），みすず書房，二〇一九年。

休耕地[260]。雖然水田即使反覆耕作也不容易造成土地貧脊，但是卻很難維護。如果不借助化學肥料和農藥，就很難驅除雜草和害蟲。

在列島要普遍看到一望無際的水田風景，要等到十七世紀的江戶時代，因為當時正大規模開墾新田，出現很多新興村莊，人口也大幅增加[261]。隨著《農業全書》等農業指南書的普及，農業知識也在日本國內廣為傳播。

不過，即使到了江戶時代，米在都市地區仍不是主食。

明治時代，米才成為主食

一八七八年明治時代初期，政府對日本各地吃米率進行調查，結果卻意外發現，竟然沒有單以米為主食的區域。在近畿和中國地區

▼三世一身法與墾田永世私財法比較

年代	政策	制度內容
723 年	三世一身法	新建灌溉設施及開墾土地者，能在三代以內保有墾田，將先前的池溝利用起來之人者，則可在本人一代之內保有墾田。
743 年	懇田永世私財法	只要向當地申請取得土地開墾資格，並在一定期限內開墾完的話，就能以私人名義永久占有這塊田地，並受到國家保護。

（現今的鳥取縣、島根縣、岡山縣、廣島縣、山口縣），很多地方的吃米率都超過五成，但是也有許多地區僅有三成左右。他們除了米以外，還把麥、雜穀、薯類、菜頭和南瓜等當作主食[262]。

從江戶時代開始，都市地區就普遍吃米飯，到了明治初年，米已經成為主食。但窮苦人家例外，他們只能到殘飯屋（譯註：賣剩飯的餐廳）隨便找點東西吃。有時能找到南京米（譯註：從東南亞或中國進口的米）粥等「上等」餐，但幾乎都只能吃到麥或小米。難怪可以吃到白米這件事，會被當成是進入軍隊的福利。全國普遍提高吃白米率，竟然是在一九二〇年代。

不過，米在成為日本人的主食後，便很快就遇到危機。因為米的需求量大增，國內的產量根本應付不來，政府只好引進越南米和韓國米等進口米來渡過難關。由於進口米花費了龐大的費用，在一九一九年時，當時的首相甚至呼籲人民要實施節米和米

260 佐藤洋一郎《稻作的日本史》（稲の日本史），角川 Sophia 文庫，二〇一八年。

261 一六〇〇年的人口為一千兩百二十七萬人，到了一七二一年，估計人口增加到三千一百二十八萬人。鬼頭宏《從人口來看日本歷史》（人口から読む日本の歴史），講談社學術文庫，二〇〇〇年。

262 大豆生田稔《米與料理的近代史》（お米と食の近代史），吉川弘文館，二〇〇七年。

麥混食[263]。

一九二〇年代以後，日本政府希望利用殖民地達到米的自我供給，直到一九二〇年代末期幾乎完成目標，有部分原因是因為人們開始攝取小麥等其他食物。不過，自從一九三七年爆發第二次中日戰爭後，進口小麥量劇減，再加上一九三九年遇到大乾旱，導致自我供給政策破功[264]。

當時不僅很難進口外國米，再加上徵兵和戰時動員，使農業所需的年輕勞動力嚴重不足，而且農機具的供給和肥料工業也都轉為軍用，日本農業因此遭受沉重打擊。之後在一九四五年，日本遭遇史上嚴重歉收，再加上戰敗，從朝鮮、臺灣進口的米也沒了。另一方面，光從日本戰敗至一九四七年末，戰後回歸列島的人就多達五百三十六萬人，之後又遇到戰後嬰兒潮，使這個國家陷入嚴重的糧食危機。

於是日本積極接受美國的糧食援助，之後在糧食上也極度依賴美國進口。在戰後，日本學校都是提供麵包和脫脂奶粉，長期把米排拒在外，直到一九七六年，供餐才恢復有白米飯。由於國內農業在戰後順利復甦，一九五五年，米的總產量初次超過一千萬噸[265]，能有這樣的成果，都是拜耕耘機、品種改良、增施肥料和農藥所賜。

昭和人米吃得非常多，根據一九六二年的調查顯示，平均每人米的消耗量為一百一十八・三公斤[266]。而在較多年輕人從事體力勞動的時代中，米成為經濟成長的原動力。

減醣瘦身大流行

戰後的一段時間，日本必須仰賴進口外國米，直到一九七〇年代以後，米的進口量終於趨近於無，困擾這個國家整個二十世紀的缺米問題，終於得以告一段落。

不過諷刺的是，解決缺米問題的同時，剩飯過多的時代卻悄然到來。米的消費量有逐年減少的趨勢。一九八〇年是七十八・九公斤，二〇〇〇年是六十四・六公斤，二〇一八年則下滑到五十三・八公斤（見下頁圖表）。這是由於大眾的飲食生活變得豐盛，人們不再以米食為主。

263　一九一九年，第十九任首相原敬以〈獎勵米麥混食〉為題發表小論文。當時的政府為了因應國內對米食的龐大需求，花費了莫大預算購買外國米。
264　一九四〇年國家開始實施米穀管理政策，並強化糧食增產政策。不過一九四一年以後的糧食供給率，水準開始低於一九三〇年代。
265　同年東芝最早的自動化電鍋開始普遍販售。
266　農林水產省〈糧食供需表〉。

吃麵包攝取碳水化合物，然後吃肉或油炸食物，偏好這種歐美飲食的人變多，加上民眾平均攝取的熱量減少，這應該是受到高齡化的影響吧。從另一個角度來看，米目前正面臨嚴重危機，因為減醣瘦身正流行。

從二〇〇〇年代中期開始，減醣飲食原本被用來控制糖尿病而備受矚目，現在逐漸變成一般人用來瘦身的有效方法。「誰都可以簡單、快速、輕鬆達到瘦身效果」，這種減醣飲食的瘦身法大為流行[267]。

醣類中的首要大敵就是白米。二〇一八年日本的暢銷書籍《科學實證最強飲食》（三采出版）裡提到，白米幾乎等於砂糖，一天只要吃進兩、三碗白飯，就會提高罹患糖尿病的風險。這本書還斷言，白米就算只吃一點也對身體有害[268]。似乎白米等白色的碳水化合物不只會讓人

▼ 米的消費量逐年減少

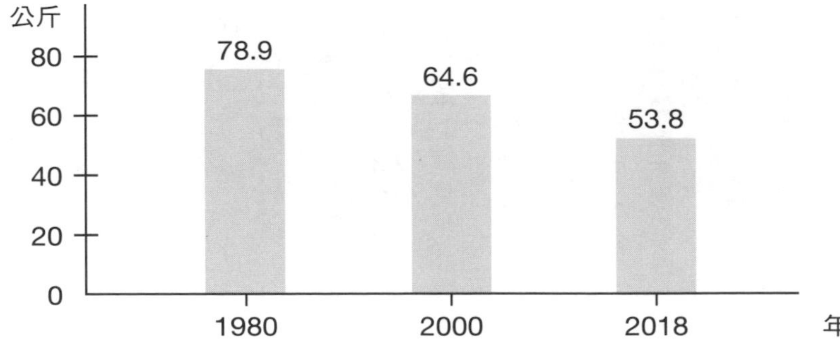

發胖，還對身體有害[269]！

我猜米的購買量接下來也會持續減少吧。米從日本人主食的寶座上退下來的那天應該不遠了。一九九三年那樣的米荒應該不會再次發生[270]，即使因為氣候異常引發米荒，現代人也不會像當時的人那樣，歇斯底里的執著於非米不吃吧！

讀完本章，我們了解米並不是從遠古開始就生長在這個國家。在狩獵採集時代時，列島人們每天都吃不同的肉和果實度日。現代豐盛的飲食生活，或許可以說是狩獵採集時代的升級版吧。

日本人從一九二〇年才開始單以米為主食；只靠國產米餵飽肚子，則是在一九七〇年代以後了。把四萬年的列島人類史看成三百六十五天的話，以米為主食這件事，大概就相當於發生在除夕夜吧。

---

267 夏井睦《限醣防病》，光文社新書，二〇一二年（天下雜誌出版，二〇一七年）。

268 津川友介《科學實證最強飲食》，東洋經濟新報社，二〇一八年。這本書站在健康的觀點，集結了眾多可信度高的研究論文。

269 新潮社的員工餐，以碳水化合物加上碳水化合物著名。比方說主食是上海炒麵，配菜就是蝦子炒飯那樣。

270 一九九三年日本列島遭遇史上嚴重冷夏，全國的米平均收穫量較一九九一年跌落七成。米的黑市交易盛行，引發糧食管理制度的改革。之後米的流通規定大為緩和。

2 日本的神話與物語

日本這個國家起源於何時，又是如何誕生？

約三百萬年前，日本演變成近似現在的形狀，智人大約是在四萬年前抵達列島。約三百萬年前，各區域的領導者組成聯合國家，並出現日本國號和天皇的名稱。

然而，神話卻描繪出全然不同的日本起源。《日本書紀》完成於七二〇年，是國家官方的歷史書，它的開頭是這樣寫的：「往昔天地未分之時，好似卵一樣混沌未明，內部似乎隱約含芽。其中清者為天，重濁者為地。之後，神生於天地之間[271]。」

日本雖然有好幾尊神，但其中最重要的要屬伊邪那岐和伊邪那美兩位兄妹神。他們近親交合生下大日本豐秋津洲（本州）和筑紫洲（九州）等諸島，日本列島於是形成。這是記載於《日本書紀》的開天闢地和國土誕生的故事。之後，眾神降臨地上世界，經過一番大亂鬥後，他們的其中一名子孫征服了列島，之後即位天皇。同時期的

《古事記》所講述的故事也大同小異。

堅決反對ＬＧＢＴ（按：女同性戀者〔Lesbian〕、男同性戀者〔Gay〕、雙性戀者〔Bisexual〕與跨性別者〔Transgender〕的英文首字母縮略字）的自民黨議員，他們應該不敢承認日本是由近親交合而誕生[272]，保守派人士還曾抗議將日本神話寫進歷史課本[273]。

世上的神話只分為兩種

這種異想天開的情節固然耐人尋味，但更有意思的是，世界各地其實都可以看到類似的神話。

有種學說叫做世界神話學[274]。根據世界神話學，全世界五花八門的各種神話，只

---

271 宇治谷孟《全現代語翻譯 日本書紀》（全現代語訳 日本書紀），講談社學術文庫，一九八八年。

272 杉田水脈〈過於支持「ＬＧＢＴ」〉（「ＬＧＢＴ」支援の度が過ぎる）《新潮45》二〇一八年八月號。

273 育鵬社編《新篇 新日本史》（新編 新しい日本の歴史，二〇一五年）中，編入一頁「從神話來看我國誕生物語」（神話に見るわが国誕生の物語），講述列島誕生至國家統一的過程。內容只提及伊邪那岐和伊邪那美兩位神，關於性的描寫都省略不提。

274 後藤明《世界神話學入門》（世界神話学入門），講談社現代新書，二〇一七年。

分為兩種類型。其中一種，是流傳到非洲中南部和澳洲的岡瓦納大陸型神話群，據說這是隨著智人初期移動而傳播的神話群。

根據岡瓦納大陸型神話，世界原先就已經存在，並非由神所創造。內容主要講述動植物和地形的起源，故事性很弱，這應該是在添加故事的元素之前，智人最原始的思考吧。

另一種則是常見於歐亞各處的勞亞大陸型（推斷曾存在於北半球的原始大陸）神話群。這類神話群大都描述世界是從無到有，描寫最初的神、尤其是男女神的誕生，以及天地的分離。接著講述大地形成、萬物有序，光的出現，和打敗龍等主題。

勞亞大陸型神話群的出現，比岡瓦納大陸型神話群晚，是以西亞文明圈為中心衍生出來的，之後隨著團體遷徙傳播到世界各地。

日本神話有許多元素都明顯偏向勞亞大陸型神話。光從國土誕生的神話來看，就與沖繩、東南亞和玻里尼西亞的神話有許多共同之處。根據《古事記》記載，生出列島的伊邪那岐和伊邪那美兩位神，各自繞著柱子走而相遇[275]。不過由於女神伊邪那美先開口說話，讓第一次的性事宣告失敗（女生先說話，不吉利），沒能生下健全的孩子。這點不僅與東南亞的神話有共同之處，而且中國西南地區到現在也還會舉行類似的儀式。

無文字時代的故事

夏威夷的神話也與日本神話有很多共同點[276]。根據夏威夷的神話，天空神和女神首先生下夏威夷島和茂宜島，但是天空神在女神不在的時候，和其他女神們糾纏不清，生下了拉奈島和摩洛凱島。憤怒的女神於是和其他神生下歐胡島。雖然有些微差異，但是男神與女神交合生下島嶼這點，和日本完全一致。此外，伊邪那岐追著死去的伊邪那美到黃泉國的情節，不僅與紐西蘭毛利族的神話十分相似，也與遙遠的希臘神話中的奧菲斯故事很雷同。

日本到希臘的直線距離超過九千公里。即使在現代，連續搭飛機也要耗費十五個小時以上，因此在神話出現的時代，這兩個土地之間應該很難有密切的交流。不過，日本神話和希臘神話很相似這點，也沒什麼好稀奇的，因為就連黃泉國的故事情節，也都可以在世界各地聽到。

只要從人類遷徙的角度來思考就可以理解，日本神話不是日本獨有的故事。智人

---

275 伊邪那岐和伊邪那美既是兄妹也是夫妻。

276 吉田敦彥《日本神話的起源》（日本神話の源流），講談社學術文庫，二〇〇七年。

原本就是從非洲遷徙到世界各地，之後的人類也不斷四處移動。

世界各地都有人們頻繁交易的痕跡[277]。雖然為數不多，但是也有跨海交流的例子。有交易，人與人就有接觸，有些是行商的旅人，也有些是移居者，他們不只交流物品，同時也是神話的傳播者。

說神話可能有點誇張，主要是一些有趣的小故事或是傳言，「聽說神為了找尋死去的妻子，跑到了死者的國度，卻被告知妻子因為已經吃了死者國度的食物，所以回不去了」，像這樣的故事應該歷經了數世代、數十世代的口耳相傳吧！

與現在相比，古代傳播資訊的速度應該很慢，但故事沒有有效期限，就算花費幾百年、幾千年都不用怕。

透過這種傳話遊戲，故事在傳達的過程中幾經改造，最後傳唱在世界各地，當然也有很多失傳的故事。現代人可以知道這些有趣的神話，是因為某個時期人類發明了文字，把故事記載了下來。

文字發明於西元前三五〇〇年至西元前三〇〇〇年間[278]。最早使用圖像文字的地方是在美索不達米亞地區。在當地發現的黏土板上寫著「兩萬九千零八十六個單位的大麥；三十七個月；庫欣」，這個應該是叫庫欣的人領取大麥的行政公文吧。

由此可知，在美索不達米亞，文字是用來記帳，而被用來傳達神話或是文學，應該至少要再過五百年。著名的《吉爾伽美什史詩》出現在於西元前二〇〇〇年前後，這也是文字誕生至少再過一千年以後的事了。

有研究認為，人類早在數萬年前就開始使用類似文字的記號[279]，但是世界的掌權者為了治理國家而開始使用文字，應該是這五千年的事吧。

文字究竟何時傳到日本，目前尚沒有明確定論。基於文字是取代記憶力的絕佳工具，我覺得搞不好早就跟稻作和鐵一起傳來日本了！但這只是我的想法而已，沒有任何根據。

要管理有某種規模的共同體時，文字就顯得很重要。日本曾經建造許多相同比例的前方後圓墳，想必應該有設計圖。除了圖示以外，應該也會寫一些附加說明才方便施工，不然至少也有一些數字記述，然而至今卻沒有發現古墳的設計圖。

日本曾發現刻有「奉」和「竟」等漢字的器具，推測是二世紀至三世紀的物件，

277 光提日本內部，青森縣的三內丸山遺跡就曾找到新潟縣系魚川的翡翠、岩手縣北部的琥珀等物。而黑曜石則是證明繩紋時代人們進行交易的證據。

278 哈拉瑞《人類大歷史》，河出書房新社，二〇一六年。

279 吉納維芙・馮・佩金格爾《這是最古老的文字嗎？》（最古の文字なのか？），文藝春秋，二〇一六年。

但是從用法來看，與其說是文字，不如說比較像記號[280]。其他還發現西元元年前後（約兩千年前）的硯臺，上面據說寫了「子」等漢字[281]，但這些都不能證明島上的人在當時已經普遍使用文字。

發現於埼玉縣的鐵劍，上面刻有一百一十五個字，這是專家認定日本內最早使用文字的例子[282]。鐵劍本身出土於一九六八年，但是直到一九七八年進行保管處理作業時，才發現劍的兩面都刻有文字。

上面記載一位名叫乎獲居的人的八代家譜，以及他們世世代都侍奉獲加多支鹵大王（大王就是天皇）。開頭寫的是辛亥年七月，研究者認為該鐵劍應該與四七一年侍奉雄略天皇的乎獲居有關聯。

發現鐵劍的地點是在埼玉這種邊境地方，由此推知在五世紀時，列島已經廣泛使用漢字。除了漢字以外，四世紀後半至五世紀期間，源於中國和朝鮮的新知識，應該也廣傳到日本各處。從色彩、器具的喜好等生活方式，甚至到家族結構，都可以發現日本受到海外影響頗多[283]。

當時的神話或許也有用文字記載下來，卻沒有存續至今。目前發現最古老的神話，就是完成於八世紀初的《古世記》和《日本書紀》。由於兩書有多處相似點，所以被合稱為「記紀」[284]。

透過記紀，現代人得以接觸到古代神話。不過故事能否保存下來，要取決於當時的權勢者。當時應該有更多的神話，但是這些神話被加以取捨，對當政者不利的都被抹去。

有利於當政者，故事才得以存留

勞亞大陸型神話原本就是對權勢者有利的物語，因為這類神話會說明王和貴族誕

---

280 市大樹《飛鳥時代的竹簡》（飛鳥の木簡），中公新書，二〇一二年。

281 〈彌生時代刻在硯臺上最古老的文字？〉（弥生時代「すずり」に最古の文字か），《每日新聞》，二〇二〇年二月二日早報。

282 發現於稻荷山古墳的鐵劍，被稱為稻荷山古墳出土鐵劍，或金錯銘鐵劍。剛出土的時候，鐵劍被鐵鏽和木頭刀鞘覆蓋，所以沒有發現上面刻有銘文。之後奈良的研究所進行除鏽作業，在金色劍身發現發光的部分，才用X光掃描（埼玉縣立埼玉史蹟博物館《埼玉導覽書》（ガイドブック埼玉），二〇一六年）。

283 使用灶和須惠器（譯註：陶質土器），橫穴式墓的墓制，以及男系的親族結構等，都為列島的文化帶來重大影響。藤尾慎一郎、松木武彥編《從這之後將有所改變！日本考古學》（ここが変わる！日本の考古学），吉川弘文館，二〇一九年。

284 《日本書紀》完成於七二〇年，而《古事記》估計編纂於七一二年，但在記錄了六九七年至七九一年間歷史的《續日本紀》裡並沒有提及，因此有研究者認為，《古事記》可能有部分是偽書。記紀兩書重複的內容頗多，但在《古事記》裡，有極大的篇幅都在描寫出雲神話。

生的理由，有助於權力正當化。世界各地之所以殘存這麼多內容相似的勞亞大陸型神話，或許是因為權勢者們積極利用這類神話來宣揚權力的正當性吧。

記紀說完眾神的故事後，接著描述天皇家的歷史。這裡有一點需要特別注意，記紀成立於八世紀初期，內容除了描述天皇家的事情之外，還明顯反映出藤原氏一族的意圖。

本書雖然盡可能不想提到專有名詞，但是卻不得不提一下藤原氏。在七世紀中期的國內改革中，藤原氏一族突然躍上歷史舞臺，並持續參與國政達一千年以上。中臣（藤原）鎌足在六四五年的大化革新中擔任要角，他在臨終前接受天皇賜姓藤原，他的兒子藤原不比等，則為之後的藤原氏打下基礎（大概記住這些資訊即可）。

藤原氏留下的深刻影響，也反映在現代的名字上。日本的佐藤、伊藤和加藤等，很多名字裡都有「藤」，他們多為藤原氏的後裔（包括自稱）。佐藤就是佐野的藤原，加藤就是加賀的藤原。

藤原家透過把自家女兒嫁進天皇家的戰略，享有好幾世代的榮華富貴。有研究者主張，天皇制的本質就是天皇的外戚（母方親戚）藤原氏，利用天皇的潛在權限掌握權力[285]。至少我們可以確定，天皇家和藤原氏互助合作，聯手掌控了國家中樞[286]。

十一世紀以後，上皇和武士勢力抬頭，但藤原氏仍舊屹立不搖。豐臣秀吉也曾為了取得關白（按：日本的古代職官）之位而改姓藤原。順道一提，藤原氏的嫡系分為近衛家、鷹司家、九條家、二條家和一條家，合稱五攝家。明治天皇的皇后就是出自一條家，昭和天皇的生母則出自九條家。直到最近，藤原氏也仍然與天皇家保有一定的關係。

記紀裡描述的神話，甚至有可能經過藤原氏的編造，刻意把內容寫得有利於他們想擁立的下任天皇[287]！把天皇當作掩護，意圖掌握實權的藤原氏，首要工作就是把天皇神格化。神格化最需要的工具，就是故事。

漫畫《C. M. B. 森羅博物館之事件目錄》中就出現下述對話[288]：

「你覺得為什麼國王戴個皇冠，非得搞這麼麻煩的儀式？」

「當然是要逞威風啊！」

---

285 大山誠一《神話與天皇》（神話と天皇），平凡社，二〇一七年。

286 倉木一宏《研究藤原氏》（藤原氏の研究），雄山閣，二〇一七年。《日本書紀》是在藤原不比等臨終之際完成的。他應該想在死前，看到這本書編完吧。

287 大山誠一《天孫降臨的夢》（天孫降臨の夢），NHK BOOKS，二〇〇九年。

288 加藤元浩《C. M. B. 森羅博物館之事件目錄》第三十八卷，二〇一八年。十三世紀冰島政治家斯諾里・斯蒂德呂松（Snorri Sturluson）與他手下的對話。斯諾里確有其人，以編纂北歐神話《埃達》聞名。

「那是為了保命才加冕啦！靠能力當上掌權者，就會被其他想掌權的傢伙索命。為了避免發生這種事，就必須向大家宣告掌權者是多麼特別的存在。所以才要搞選舉，或是舉辦盛大的加冕儀式！」

雖然是不同時代、國家和人物的對話，卻也非常適用於七至八世紀期間的日本。七世紀中，透過政變取得政權的天皇和藤原氏，應該也很害怕自己成為下一個政變的目標。因此，也不難理解他們想把神話編得有利於自己。由於當時已經有流傳已久的神話和歷史書[289]，他們並非從零開始創作。對權勢者來說，編寫和竄改歷史根本就是小菜一碟。

天孫降臨和萬世一系的神話，就是想傳達天皇是神的子孫，神的血脈至今綿延不絕，由這些內容寫成的正史就是《日本書紀》[290]。這本書神話和創作占絕大多數，卻被定位為歷史書。

從結果來看，《日本書紀》的計畫應該是成功了。在之後幾乎所有的時代，天皇都沒有掌握實權。不僅沒有強大的軍事力，財政上也不算寬裕。如果是因為權威才得以讓天皇家延續下來的話，那原因之一必定來自《日本書紀》的神話。

最接近一神教的時代

藉由神話統治國家，你可能會認為「古人對神話還真是深信不疑啊！」覺得古人好像很傻，但是連近代也都用同樣的招式。

在一八六八年明治維新時，近代日本不得不仿效古代那一套[291]。明治維新的主角，是薩摩和長州的邊境士族，他們謹守本分，從沒想過變成日本的王，而天皇家的權威在這裡發揮了效用。不過，天皇家被視為日本的統治中心，只限於神話時代和古代。說到底，焦點還是集中在《古事記》和《日本書紀》。

明治以後，不用說課本，就連報章雜誌或藝術作品等，都不斷提及日本神話，這都是為了鞏固天皇家的權威。比方說，在大正天皇的婚禮之後，社會就開始流行神前

289 記紀以前的內容應該有皇統譜（皇室戶籍）《帝紀》，以及歷史書《舊辭》。《日本書紀》也常以「一書曰」的方式引用眾多文獻。

290 有研究者認為，第十五代應神天皇確有其人，或至少第二十六代繼體天皇之後的天皇都確有其人。因為宮內廳的失誤，繼體天皇是少數可以發掘陵墓的天皇。宮內廳在明治時代指定三嶋藍野陵為陵墓，但其實今城塚古墳才是真正繼體天皇的陵墓。透過挖掘調查，發現了大規模的埴輪（按：一種陶器）祭祀場等。

291 及川智早《日本神話究竟如何描寫》（日本神話はいかに描かれてきたか），新潮選書，二〇一七年。

式婚禮（按：在神社舉行和式婚禮儀式）這種新式婚禮。傳統的日本婚禮，就是行交杯禮「三三九度」，邀請親友家族齊聚而已，跟神一點關係也沒有。透過伊邪那岐和伊邪那美的國土誕生神話，才有神前式婚禮[292]。

七世紀的大化革新也在這個時期再度受到矚目[293]。由於大化革新當時確實發生了一些政變，然而把大化革新與明治維新，一併視為重要的政治改革這點是很嶄新的看法。這是因為大化革新是廢除舊有惡習，以天皇為中心建設國家，對幕末的志士和明治政府而言都是有利的。

明治是個重新發現日本傳統，甚至發明新的日本傳統的時代。第一代的天皇神武，也是在明治時代才被重新重視。

在幕末以前，神武天皇好像不大受到重視。在天皇家的祖先祭祀，天智天皇與其子孫光仁天皇、桓武天皇一直都被視為直系先祖。連古墳都沒有的神武天皇，彷彿是被遺忘的存在。

明治政府為了表示對神武天皇的重視，在一八七二年

▼ 明治維新與大化革新的內容

明治維新	全面西化與現代化改革運動。
大化革新	廢除舊有惡習，以天皇為中心建設國家。

（明治五年），把神武天皇即位那年制定為紀元元年（神武天皇即位紀元，比現行西曆早六百六十年）。戰前多用「皇紀二六〇〇年」的說法取代西曆年，神武天皇的即位日，在牽強附會的計算下定為二月十一日[294]，當天也被定為國定假日「紀元節」。

接著在一八九〇年（明治二十三年），又興建了供奉神武天皇的橿原神宮。橿原神宮是位於奈良縣畝傍山東南麓的巨大神社。雖然地點是依據傳承而定的，但打造神宮的七萬六千棵樹木當中，竟然有兩萬兩千棵是源自全國獻木。因為興建這個新神社，是為了宣揚天皇家的歷史十分悠久，甚至可以遠溯至神武天皇。當然，直到現在也尚未發現任何與神武天皇相關的宮城遺跡。

隨著鐵路發達，與天孫降臨之地高千穗和供奉天照大神的伊勢神宮一樣，橿原神宮也被當作聖地，成為熱門的觀光景點。尤其在皇紀二六〇〇年，也就是一九四〇

---

292 大正天皇在天照大神前（實際上是在供奉八咫鏡的宮中賢所大前，八咫鏡為三神器之一）舉行婚禮。不過，在一般的神前式婚禮，多會用民眾熟悉的伊邪那岐和伊邪那美掛畫當裝飾。

293 黑田智《藤原鎌足，賭上時間》（藤原鎌足、時空をかける），吉川弘文館，二〇一一年。

294 根據《日本書紀》，神武天皇的即位日是「辛酉年春正月，庚辰朔」，從農曆來看只能是一月一日。順道一提，因為GHQ方針，紀元節在戰後曾一度廢止，但在一九六六年以「建國紀念之日」為名復活。至於為什麼不用建國紀念日，是因為加上一個「之」後，就可以解釋成「雖然不知道確切日期，但就是一個用來紀念建國的日子」，完全是日本式妥協後的名稱。

年，光是正月一日至三日，這三天的參拜者就多達一百二十五萬人，二月十一日的紀元節也有七十萬人前往參拜[295]。

一神教從未在日本落地生根。放眼全世界一神教廣傳的時代，可以發現只要地上出現絕對的權勢者，就是獨裁政權抬頭的時期，一神教的價值觀也會廣為傳播[296]。也就是說，強大的神與強大的國家是同時出現的。

如果一個國家沒有普及一神教，應該與整個歷史當中，從未出現過強大的獨裁政權有關吧。以這層意義來看，日本最接近一神教的時代，也許就是太平洋戰爭時期。

失落物語

有一個詞叫做散佚物語。照字面意思就是曾經存在，卻沒有留存至今的故事。

在人類歷史中，散佚物語不知凡幾。尤其沒有文字的時代，就算有誰想到很棒的故事，也只能口耳相傳。有些故事以神話的形式部分流傳下來，原型卻完全不可考。

即使已經出現文字，也有很多故事受到戰火摧殘而消失。距今約一千年前的《源氏物語》中，就曾出現〈唐守〉、〈藐姑射老嫗〉和〈交野少將〉等許多沒有流傳至今的物語。這些物語在多數文獻皆有提及，可以肯定是真有其故事，但現在卻無法得知內容為何[297]。在沒有影印機和照相機的時代，只能依靠手工複製，如果沒有某人「很想把這個物語留存下來」的強烈熱情，故事就無法存續至今。

即使是被當作國家正史的《日本書紀》，現存的也是手抄本。現存最古老的手抄本是九世紀的，而且殘存下來的也只是一部分而已。九至十四世紀的所有手抄本，至今也只能盡力掌握內容全貌而已[298]。就連正史都是這種情況了，所以像《源氏物語》這種作品得以存續至今，表示它在每個時代都有熱情的粉絲為它抄寫。

物語對智人的存亡並非必要之物，但在極度貧困、連活下去都很艱難的時代，卻仍都有物語。為什麼？其中一個理由，是因為它可以為人們帶來救贖，或許也可以說是幻想。這些故事可以讓人從充滿痛苦的現實中暫時脫離，然後投入至另一個夢境，

---

295 根據橿原神宮官方網站的數字。

296 雷薩．阿斯蘭《造神》，文藝春秋，二〇二〇年（衛城出版，二〇二〇年）。「天上的政界」與「地上的政界」互有關聯。比如初期的美索不達米亞，擁有許多自由市民，實施民主政治，他們天界的眾神應該也會召開民主集會。

297 〈唐守〉是求婚難題物語，〈藐姑射老嫗〉是與異地相關的故事，兩者都與現存的〈竹取物語〉有很多共同之處。詳細請參考神野藤昭夫《失散的物語與它的歷史》（散逸した物語世界と物語史），若草書房，一九九八年。

298 就連八四〇年的《日本後記》，全四十卷，現存也只有十卷。

所以從古至今，人人都熱愛物語。

比方說出現在《古事記》中，大國主與須世理姬的故事，講的就是透過女性的協助，使男性逐步成功。面對須佐之男提出的難題，須世理姬在暗地裡提示解決方法，最終使悠哉的大國主成功取得須佐之男的信賴[299]。

在現代的物語裡，其實也隱藏了當代人們內心的渴望。一九九七年出現了兩部足以流傳後世的人氣作品，那就是《哈利波特》和《海賊王》。這兩部作品的共同點，就是主角在故事開端，就擁有異於常人的能力。

這兩部作品講的，不是透過後天努力終獲成功，而是主角憑藉與生俱來的能力展開大冒險。《哈利波特》和《海賊王》出現在同時代絕非偶然，在經濟成長遭遇瓶頸、出身變得更重要的時代，應該很多人把夢想寄託在幻想世界裡吧[300]，從《日本書紀》到《海賊王》，這些物語凝結了許多人們的憧憬。

3 大雄的土地也歸天皇所有？

《哆啦Ａ夢》系列有一部長篇作品叫做《大雄的日本誕生》[301]。這個故事從大雄一行人想離家出走、苦思要跑到什麼地方開始。大雄在空地使用祕密道具蓋房子，結果被地主趕出去，後來好不容易找到深山的小村落，卻因為水壩而整個淹沒。

他們大嘆「為什麼日本的每寸土地都有主」，為土地問題傷透腦筋。之後，他們想到一個好辦法，如果回到「沒有人住的時代，那整個日本不就都是我們的？」一如

299《古事記》有眾多譯本，雖然沒有全文譯出，但橋本治的版本最淺顯易懂。

300 二〇一六年至二〇二〇年，《週刊少年 Jump》連載的《鬼滅之刃》，是一部細心描繪修行場面、主角拚命修行的漫畫。這種透過努力得到回報的故事再度流行，或許反映出不在意出身，對努力抱持希望的人增加了吧。

301 藤子．Ｆ．不二雄《哆啦Ａ夢：大雄的日本誕生》，小學館，一九八九年。

往常，哆啦A夢拿出時光機器，帶大雄一行人回到七萬年前的日本列島。

為什麼土地無法自由使用？

他們的想法很合理。自從地球上有陸地後，就會有土地這種認知。當時的土地不屬於任何人，不過現在多數的土地都是歸屬於某人的[302]。

在七萬年前的列島上，大雄開始在地面畫起線來，他說：「從這裡到這裡，是我的土地喔！」小夫接著說：「這邊的千坪都是我的！」胖虎也跟著叫囂：「這邊的一萬坪是我的！」假使現代人真的穿越時空回到七萬年前，並學大雄這樣做的話，那在現代就可以變成大地主了嗎？這可能相當困難，因為為了保有土地的所有權，可是要花費天文數字的成本！

對於早先居住在列島的古代人而言，根本就不需要長期持有土地，對遷徙過活的狩獵採集民族來說，他們就是一邊狩獵捕魚，然後不斷變換生活場所。

以現代的狩獵採集民族來看[303]，他們只要外出找食物，就幾乎會花掉一整天的時間。他們在森林或原野找到食材，就把食材弄來吃，吃飽後就閒晃度日，他們根本沒有想擁有自己土地的想法。

假使大雄在七萬年前的列島設置不會腐朽的看板，藉以宣告土地的所有權，至少在這六萬年期間，他的土地都不太可能被第三者搶走。狩獵採集民族可能也根本看不懂上面寫了什麼，也會任意進入土地，但過一段時間，應該就會移動到其他地方。

土地面臨危機

想擁有土地這種想法，是從人類進入定居生活開始。列島開始種稻後，就出現環濠聚落，古人開始有守護聚落的想法，之後就延伸出「整個聚落都是我們的地盤」的概念。再進一步發展，居住在聚落的個人，開始在住處周圍設置境界線[304]。發掘於群馬縣澀川市的六世紀遺跡——黑井峯遺跡，其住宅和院子田地都有用圍牆圍起來[305]。

302 後面會提到，這個觀念有點不正確。

303 奧野克巳《不需要謝謝和對不起。和居住在森林的居民一同生活後，我所想到的》（ありがとうもごめんなさいもいらない森の民と暮らして人類学者が考えたこと），亞紀書房，二〇一八年。

304 土地相關的基本資訊，有酌量參考日本國土廳土地局土地資訊課監修的《日本の土地》（株式會社ぎょうせい，一九九六年），和渡邊尚志、五味文彥編《土地所有史》（山川出版社，二〇〇二年）。

305 是六世紀中期因火山爆發而被滅村的村落，也被稱為「日本的龐貝城」。

出現這種居住模式，表示人類已經開始有土地私有的概念。

不過，當時的列島人口頂多就數百萬人而已，應該還沒有所謂的私有地。只有環境良好的部分土地才有人居住。如果是以稻作為中心的共同體，說是共有水田和灌溉渠道也比較合理，所以私有化的概念應該還沒這麼發達。

但在這個時代，「大雄的土地」就已經開始有危機了[306]。如果是容易開墾或適宜居住的土地，只是立個看板，根本守不住。現代人購買土地，要向地政事務所申請登記，也就是用法律來保障土地所有權，要是誰違法闖入或是違建，就請警察協助，甚至訴請裁決。

不過在古代日本，列島內部並沒有通用法律。土地得自己守護，或是找人幫忙，而且當時也不是看文件的時代，只能透過實質防禦，或是在附近找有影響力的人當後盾。這個時期，列島各地都出現強大的權勢者，人們會依附這些權勢者，為的就是求取安全保障。當時的日本尚未有警察，各派勢力為了搶地盤爭執不休。只要不是生活在極度偏僻的地方，不是自己成立小幫派，就是得依附在某個勢力下求取庇護。

在現代，也有像索馬利蘭這種未明確成立國家的地區。當地的多數居民想的不是「因為沒有法律，我們就自由自在的生活吧」，他們只想趕緊找個強者依附，才能夠保護自身的安危和財物。

為了防禦敵人入侵，「大雄的土地」也得蓋起高牆，還得配置許多迷你哆啦充當士兵，甚至送錢給有力的強者，請他幫忙守護土地。不過，大雄也不想一直生活在古代日本。畢竟，如果不自己種植作物，或是把土地借給他人當作耕地，想辦法創造效益的話，土地就只會耗費龐大的保護成本而已。

所有土地都是天皇的？

歷經各派勢力爭鬥不休的古代戰國時代，列島逐漸在天皇家的統治下邁向統一。直到七世紀，國家開始建立戶籍，並施行借貸耕地給國民的制度[307]。主要就是主張「所有土地，接歸天皇所有」。在名義上，「大雄的土地」也得歸天皇所有。

不過實際上，列島人民並不認同土地為天皇所有。其實，在七二三年的三世一身

---

306 在原作中，大雄原本想宣告土地所有權，但被哆啦A夢教訓說：「土地多的是好嗎！」於是便放棄將土地據為己有的念頭。

307 這叫做班田制，國家透過戶籍管理公民，定期把田地分給公民，死後必須歸還給國家。不過豪族和勢力龐大的寺院，仍然維持自己的土地所有權。

法，和七四三年的懇田永世私財法頒布後，國家也傾向承認土地私有化[308]。如此一來，列島人民就像現代人一樣，可以蓋自己的房子嗎？不，因為貴族、大寺院、神社，以及地方的權勢者，都僱用當地居民進行大規模開墾，再把開墾後的土地占為己有。農民的土地私有化，要等到九至十世紀的時候了。這段時期，出現了被稱為「豪民」和「百姓」的新興農民勢力。

不過，自己辛苦開墾完的土地也常被搶走。在所有土地都歸國有的時代，甚至會出現土地被國家搶走的情況。因此，只要將自己的土地獻給貴族等權勢人物，就可以確保自身的使用權，因為當時的貴族，有權利拒絕外部權力干涉。

中世是中央權力式微的時代。人民只得依附上皇、武士或寺院等各個時代的權勢者，才能夠保障自己的土地。其中甚至出現文件上的土地所有者寫著神佛的情況。守護「大雄的土地」的成本，比起古代，中世搞不好還便宜一些。因為那時出現了土地證書，人們開始習慣用文件證明土地的所有權。

在基本上要靠自力救濟的時代中，所謂土地證書，當然與現代的不一樣。當時偽造文書十分橫行，加上權利關係很複雜，所以一筆土地往往有多位權利者。如果真的想守護土地的話，大概只能請出哆啦A夢的道具了。

歷經戰國時代，最後由豐臣秀吉統一全國，他開始全面調查列島的農耕地[309]。他們實際用竿子測量，再決定要徵收多少年貢（稅金）。提到年貢，大家好像只會想到農民苦哈哈的樣子，但其實大家有點誤解了。從農民的立場來看，這也等於是他們想要守護土地時，明確知道自己該找誰靠，而且透過這項調查，不僅可以釐清土地的權利關係，掌權者也可以明確掌握實際耕作的農民。如此一來，屏除掉中間利益，也等於協助小農民自立。

「大雄的土地」已經不需要自力守護了。只要有好好繳交年貢，就可以確保擁有自己的土地。經由統一的權力，迎來了私有產權獲得保障的時代。

不自由，所以才平等

一六〇三年的江戶幕府，也延續實施豐臣秀吉的政策。

一六四三年時，出現了值得關注的法令——幕府禁止農民私自買賣土地[310]。以現

308 即使承認土地私有，人民也必須繳稅，也就是放棄名義上的土地國有，讓政府能夠掌握更多的土地。中公新書編輯部編《日本千年歷史之謎》（遠足文化，二〇一九年），中公新書，二〇一八年。

309 這被稱作太閤檢地。戰國大名也會實施檢地，但全國性的檢地是頭一次。

310 這裡指的是《田畑永代買賣禁令》。由於發生寬永大飢荒，農村變得越來越窮，幕府於是改變政策，轉而保護小農。

在的角度來看，國家禁止人民私賣土地，不會管太多了嗎[311]？但之所以這麼做，是有合理原因的。窮困的農民把自己的土地賣掉後，只會變得更窮，這個法令的目的，也是想防止土地過度集中在有財力的農民身上。

江戶時代的百姓，不是以個人名義，而是以「家」的名義持有土地。在沒有通勤上班概念的時代，家就是從事生產的共同體。家的領導者——「家長」的責任，就是好好守護從祖先那裡繼承下來的土地，並再傳承給子孫。

當時幾乎都由長男單獨繼承家業，土地和經營資本會原封不動的交接給下一任「家長」繼承[312]。這樣的形式，非常有利於對土地進行長期的改良投資，而因為這個「家」制度，日本農業變得越來越興盛。

不過，任何事都有漏洞可鑽。法令禁止的是長期的轉讓買賣，就等於短期的買賣不受此限制，因此，人們就採用抵押的方法，基本上就跟現代的當鋪一樣，人們透過擔保土地借款，一段時間還不了錢的話，土地就變成對方的。但當時的當鋪有很不可思議的慣例，那就是流當品無論經過多少年，只要能夠歸還本金，就可以要回土地，也就是這樣，土地與人之間，才得以緊密相連吧。

不過到了江戶時代後期，原本明令禁止的長期買賣開始猖獗，抵押變流當的情況大增，使禁令變得可有可無。直到明治時代引進了西方的觀念，明治政府承認可以自由買賣土地所有權。結果發生了什麼事？部分的富裕階層變成大地主，而沒有自己土地的佃農（跟地主租借土地從事農業的人）卻增加了。簡單來說，就是沒錢的人馬上會把自己的土地賣掉，但是為了生活又不得不從事農業，所以就跟地主租借土地。

自由會衍生出社會落差。無論如何，成功者與失敗者之間的差距只會越來越大。不過，私人所有權的發展，也是經濟成長的關鍵[313]。努力的成果幾乎[314]都可以自己獨占，這種安心感就是驅使人們努力的動力。反過來講，江戶時代禁止買賣土地，但在某種程度上卻可以保障人人平等。

真有所謂代代相傳的土地嗎？

如果要賣掉「大雄的土地」，在明治時代這個時機點或許不錯，因為在這個時

311 現代日本也透過農地法，要求買賣農地必須取得農業委員會的許可。
312 木村茂光編《日本農業史》，吉川弘文館，二〇一〇年。
313 威廉·伯恩斯坦《富有誕生的一刻》（「豊かさ」の誕生），日経ビジネス人文庫，二〇一五年。伯恩斯坦認為私有財產權、理性主義、有效的資本市場，以及有效率的物流、通訊手段是促進社會繁榮的要素。
314 這裡講幾乎，是因為還是必須向國家繳納稅金。

代，國家終於同意人民可以自由買賣土地。尤其「大雄的土地」如果在市中心的話，那簡直就是中樂透了。

近代是都市發展的時代。東京不只有國會和政府機關，還有丸之內大廈、東京海上日動大廈等眾多大規模的辦公大廈[315]，而高樓大廈之所以變多，原因之一是因為電梯普及[316]。

就算技術上已經可以興建高樓建築，然而在沒有電梯的時代，住在高樓層會很辛苦。實際上，在江戶時代以前興建的城堡當中，主公大人並不住在天守閣（按：日本城堡中最高、最主要也最具代表性的部分，具有瞭望、指揮的功能，也是封建時代統御權力的象徵之一）。天守閣只是瞭望臺的進階版，平時沒什麼用處，就只是用來彰顯權力而已。在電梯發明後，住在高處就演變成象徵富貴和權力[317]。

隨著都市人口的集中，許多人開始嚮往郊外生活。於是鐵路公司開始開發郊外，並興建連接市中心的列車。當時的鐵路公司，幾乎都兼營提供電燈和電力的事業。因此，在鋪設鐵路的同時，電力也隨之普及，在郊外也可以過上方便生活。不過多數人仍然從事農林水產業。

假使「大雄的土地」剛好是塊農地，並繼續持有土地，應該也可以獲取相應的收益。這個時代由於引進西方農業技術，農業生產力已經有所提升。品種改良、增施肥料、土地改良等，只要投入資本就可以獲取更多的農作物[318]。

一九二九年的時候，竟然有高達四八％的耕地都是租佃地。以農家單位來看，佃農或自耕農兼佃農（主要耕種自己的田地又兼當佃農）就占了三分之二。由此可知，還是很多務農的人需要向地主租借土地。

敗戰後的農地改革澈底改變了這種狀況。國家強制收購地主的土地，再用便宜的價錢賣給佃農。由於原本就設定很便宜的價格，加上通貨膨脹的影響，很多土地近乎免費，租佃地的比例因此下降到只剩下一〇％[319]。

即使當時是在美國的占領之下，但國家強制要求地主放棄私有產權，也算是相當

315 岡本哲志《從江戶到東京的過程教科書》（江戸→TOKYOなりたちの教科書），淡交社，二〇一七年。
316 安德烈亞斯．貝爾納（Andreas Baader）《有錢人為什麼要住在高處？》（金持ちは、なぜ高いところに住むのか），柏書房，二〇一六年。
317 一六四九年禁止興建三層建築，平民幾乎不可能蓋高樓建築。但是到了幕末時期，開始出現許多違反規定的高樓建築。大澤昭彥〈建築物高度的歷史演變〉（建物高さの歴史的変遷）《土地綜合研究》（土地総合研究）二〇〇八年春季號。
318 豬瀨直樹、磯田道史《明治維新也改變不了的日本核心》（明治維新で変わらなかった日本の核心），PHP新書，二〇一七年。
319 一九四七至一九五〇年期間，收購一百九十二萬公頃的農地，並將一百八十八萬公頃的農地賣給四百七十萬戶農家。

大膽的政策。「大雄的土地」如果是廣大的農場那就慘了，應該有很大的機率得放棄土地吧。

經常聽到人們講「代代相傳的土地」。然而，所謂代代相傳，其實很多都是指在農地改革後才獲得的土地。現在的大地主，應該很多都是從明治時代開始收集田地的新興勢力。多數代代相傳的土地只有七十年的歷史，再早也頂多只有一百五十年左右的歷史[320]。

超過九州面積的土地都找不到地主

戰後的經濟成長拉抬了地價。尤其在一九六〇年代前半、一九七〇年代前半和一九八〇年代後半，企業收購土地和炒地皮使地價水漲船高。其中，第三次的地價上漲被稱為房地產泡沫，當時盛傳日本全部的地價總和起來，金額高到可以買兩個美國了[321]！假使「大雄的土地」在市中心，又奇跡的保有所有權，正好可以趁這個時期全數脫手，這樣大雄應該會成為億萬富翁。

前面我一直用「大雄的土地」講述土地的歷史，就是想讓大家了解，即使可以回到從前的列島主張土地所有權，但要守護自己的土地長達七萬年，必須耗費許多勞力才可能辦到。

再說，大雄跑到遠古日本的初衷，是要找到離家出走後的去處。他們認為日本的每寸土地都有主，所以才回到七萬年前的日本。不過，其實這種想法並不正確。根據日本國土交通省估計，在日本的私有地中，有約兩成的土地找不到地主。這些土地的面積加總起來，甚至比九州還大[322]。乍聽之下，你會覺得怎麼可能？但其實多數土地都停留在以前的登記紀錄，根本就找不到地主。

權利者死亡時並不會強制繼承登記，且登記要花錢、耗時又耗力。要是在資產價值高的市中心那另當別論，其他地方則有很多人因為太麻煩了，所以就沒有辦理。

某次，政府想在某街收購縣道建設用地，就發現三代都沒有辦理繼承登記的土地，負責人認真調查之後發現，土地繼承人竟然多達一百五十人。如此一來，政府要

320 因此，日本社會學家上野千鶴子在其著作《一個人的老後》（おひとりさまの老後，文春文庫，二〇一一年）。主張人們年老後，不需要對賣掉土地懷有罪惡感。

321 豬瀨直樹《土地神話》（土地の神話），小學館文庫，二〇一三年。

322 吉原祥子《人口減少的時代與土地問題》（人口減少時代の土地問題），中公新書，二〇一七年。

收購土地，就得經過這些人同意才行，難以想像當時究竟花費了多大的力氣[323]。所以大雄其實只要去地主不明的土地，或是沒有人登記的偏僻地方就可以了。應該有不少土地無法詳細確認所有權，就算任意住下來也不會被趕走。

實際上，我經常聽到有誰不小心繼承了深山的土地，結果想捐出去也沒有人要的情況。毫無價值可言的土地，就像負債一樣。想要把土地捐給大雄的人，在全日本找一找應該滿多的[324]，而且放眼海外，有像南極那種條約規定領土權不屬於任何國家的地點，也有像挪威領土斯瓦爾巴群島那種，允許條約締約國無須簽證就可以居住的地方，所以大雄根本不需要大費周章，只要用任意門到斯瓦爾巴就可以！

我在前面提到，有兩成的私有地查無所有人，這還只是文件上的資訊。往後的日本或許會有越來越多人拋棄土地。

二〇一四年時，曾出現一份震撼日本地方的研究——〈增田報告書〉，其內容表示，在二〇四〇年之前，全國有八百九十六個地方自治體可能面臨消滅危機。增田報告書是由增田寬也的團隊發表，他曾參加東京都知事（行政首長）選舉，最後敗給小池百合子[325]。

根據〈增田報告書〉的論點，地方自治體由於年輕女性外流率高，少子化問題將使人口持續減少，最終面臨地方消失的危機。根據他們估計，北海道、東北地區有約八〇%，山陰地區有約七五%都是有可能消失的都市[326]。

人去街沒落

另一方面，人口會不斷湧進東京等大都市圈。從實際的統計來看，東京的人口的確在持續增加。二〇〇一年一千兩百萬人，二〇一〇年一千三百萬人，直到二〇二〇年則超過一千三百九十五萬人。不過根據預測，在二〇二六年以後，就連東京都的人

---

323 就算不透過登記調查，也有一種調查土地戶籍的地籍調查制度。只要根據土地分區，調查所有權人和面積等資訊，就可以進一步釐清土地的相關資訊。明治時代已經開始進行類似的地籍編纂調查，卻無疾而終。一九五一年實施國土調查法，重新釐清土地的使用狀況，也只完成了一半。據說要完成全部的國土調查，還需要再耗費六十年，甚至是一百二十年。

324 當然在這種情況下，大雄就得繳納固定資產稅等相關稅金。不曉得他們的零用錢是否足以負擔這筆費用？

325 詳細內容請參考增田寬也《地方消滅》（行人，二〇一九），中公新書，二〇一四年。

326 〈增田報告書〉發表後飽受抨擊。消滅一詞容易讓人誤會，但這不是指實際讓都市從此消失的意思。一九八〇年代日本曾流行「限界集落」論（其中一項定義：六十五歲以上人口占聚落半數以上），但實際上卻沒有聚落真的因為高齡化而消失。詳細請參考山下祐介《限界集落的真相》（限界集落の真実，ちくま新書，二〇一二年），和《地方消滅的陷阱》（地方消滅の罠，ちくま新書，二〇一四年）。

口都會開始減少[327]。

雖說如此，市中心的大樓華廈、郊區的透天住宅還是拚命蓋好蓋滿[328]，這是因為相較於海外國家，日本的中古住宅市場不發達，新建住宅比較暢銷所致。最後，日本就會出現大量空屋。

估計在二〇三三年，三戶住宅中會有一戶是空屋，戶數還高達兩千一百萬戶。有些泡沫經濟時期的大樓華廈，現在已經淪為廢棄屋。照這個情況看來，估計將來會大量出現古老大樓。大雄也不用回到過去，只要前往不久後的未來，就能發現很多可供自由使用的空屋[329]！

日本的都市計畫很寬鬆，就算人民想在活動斷層上面，或是河川旁邊等容易發生災害的地區興建新住宅，行政單位也很

▼ 東京人口持續增加

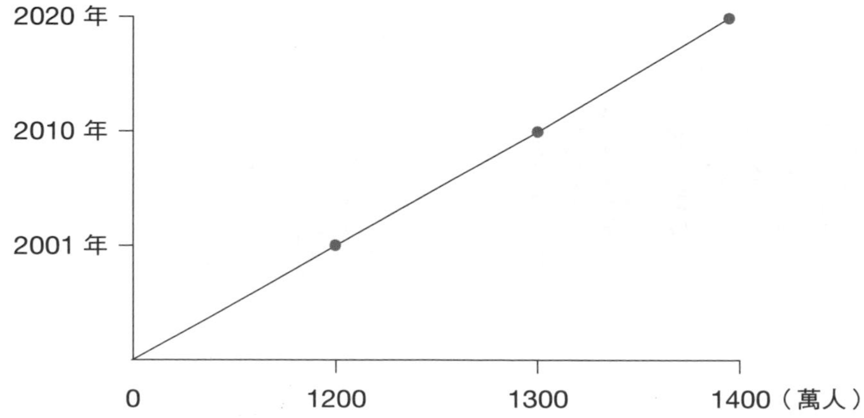

3　大雄的土地也歸天皇所有？

難加以禁止。媒體三不五時就會報導氣象災害，我想以後會有越來越多住宅會因為天災而毀壞或泡水。

在人口減少的社會中，一定會有越來越多被捨棄的房子或土地，除去市中心的部分，多數土地已經不值得守護，甚至還可能變成燙手山芋。《哆啦A夢》裡描繪的二十二世紀是超高樓建築林立、社會一片欣欣向榮，在二〇二〇後的一百年，日本是否會迎來光明的轉機？

327　東京都〈東京都區市町村人口預測〉（東京都区市町村別人口の予測）。

328　野澤千繪《衰老的家、崩毀的街道》（老いる家 崩れる街），講談社現代新書，二〇一六年。

329　要是這樣的話，就會變成《大雄的發現空屋記》這種毫無夢想可言的故事吧。

4 男人當家女人顧家的起源

本書內容原本在日本雜誌《新潮45》上連載，不過，因為某自民黨議員投稿的一篇短文，使這本雜誌被迫休刊。

這位議員認為，同性戀沒辦法生孩子，所以沒有生產力，他也質疑這些人為什麼可以享有社會福利[330]。這番言論還牽連到其他媒體，引發了輿論騷動。其實從很早開始，這位議員就很憂心日本「家族瓦解」的現象。

日本社會中有「男、女性扮演相應的角色」的概念，像是「以前的日本，丈夫在外工作，並將錢交給妻子，再由妻子操持家計」，一旦這種角色分擔瓦解，就會造成家族瓦解，最終導致日本崩毀[331]。但這位議員提到的「以往的日本」，並不是很久以前的日本。在這一章，我以極端保守主義者們疾呼即將面臨瓦解的「家族」與「男女」為題，解析日本史。

從何時開始有家族？

何謂家族？這很難定義。人類的團體生活與人類史幾乎同樣古老，且男子勞動，女子守家與孩子同住的這種家族型態一點也不普遍。

人類以外的靈長類，原本就沒有家族的概念。在大猩猩和黑猩猩的社會，雌性猩猩會離開母親，並找到伴侶後生下孩子。早期的人類說不定也是一樣的行為模式，但在熱帶莽原生活後，這種行為就被迫改變。

在外敵眾多的熱帶莽原，人類開始大量生育，不過人類的嬰兒期很長，成長需要耗費數年，為了協助孩子成長，男性也開始育兒，演變成共同育兒的模式，有研究認為，這應該就是家族的起源[332]，不過真正的起源為何仍不清楚。

大致上，家族的起源有兩種說法。其一是「原始公社」模式：男女皆與多數男女維持性關係，由團體的成人共同協助育兒；另一種說法則認為，自古以來已經存在

330 杉田水脈〈過度支持「ＬＧＢＴ」〉（「ＬＧＢＴ」支援の度が過ぎる）《新潮45》二〇一八年八月號。

331 杉田水脈《為何我要和左派抗爭》（なぜ私は左翼と戦うのか），青林堂，二〇一七年。他認為以親情為基礎的家族結構非常重要，並主張「往昔的日本，正是以這種家族為基礎建構了國家」。

332 山極壽一《家族進化論》，東京大學出版會，二〇一二年。

「一夫一妻制」，由嫉妒心強烈的夫妻和孩子共同組織小家庭[333]。我認為，其實這兩種團體模式應該都有，隨著時代和區域改變，也會產生各式各樣的團體模式，所以沒必要刻意探究人類社會家族的起源。

光看日本列島，我們也不清楚古代家族的生活情況。不過，倒是有發現疑似家族的人們被埋葬在一起的案例。宮城縣的貝塚發現了八具人骨，其頭蓋骨都有類似的特徵，推測他們彼此可能存在很強的遺傳關係[334]。由於列島中發現多起相同案例，推測在繩紋時代，很常見以家族為單位的墓葬。

但是這裡提到的家族，不能完全以現代的觀念去看待。比方說，如果在同一個地方發現男性和女性的骨骸，現代人很容易認為他們就是夫妻，但其實他們可能是手足，也可能是主人和奴隸的關係[335]。

夫妻幾乎不合葬

鏡頭快轉到三世紀至七世紀，這個時期的古墓，也可窺知古代家族的樣貌[336]。

古墳都是權勢者的墳墓，而且多數情況都是多人合葬[337]。不過古墳最重要的主角就是初葬者，因為古墳就是為他而建的。根據古墳研究，初葬者有男有女，尤其在三世紀至五世紀左右，男女的比例各占一半。由此可知，當時的女性領導者與男性領導者一樣多。從二十一世紀的日本來看，女性極少擔任政治家和管理階層，這種情況對現代來說簡直是天方夜譚。

五世紀左右開始，初葬者為男性的古墳越來越多，這段時期正好是大和政權逐漸統一日本的時代。當時與朝鮮半島之間軍事緊張，這也可能是形成男性主導社會的要因，至少在權力階層，已經由同等重視男女血緣的雙系繼嗣，轉變為只重視父系血緣的父系繼嗣。

古墳研究還發現一件有趣的事，那就是無論任何時代，都非常重視手足。其實到目前為止，幾乎沒有發現夫妻合葬的古墳。用漫畫《海螺小姐》的家做比喻，埋葬海

333 哈拉瑞《人類大歷史》，河出書房新社，二〇一六年。

334 發現於宮城縣東松島市里濱貝塚的案例。詳細請參考山田康弘《繩文時代人們的生死觀》（繩文人の死生観），角川ソフィア文庫，二〇一八年。

335 實際上可以從骨骸採檢粒線體DNA，判斷他們彼此是否有關係。不過粒線體DNA只有母系遺傳，所以並沒有對繩紋時代的骨骸採取這項檢測，但多數研究者認為，大人和小孩合葬的案例多為親子。

336 清家章《從墓地來看古墳時代》（埋葬からみた古墳時代），吉川弘文館，二〇一八年。

337 其中像長野縣的森將軍塚古墳，埋葬人數就多達八十一人，不過多數情況，埋葬者都是兩人至數人。

螺和弟弟鰹的墓穴裡，不會出現丈夫鱒男[338]。那鱒男會埋葬在哪呢？應該是歸葬比較可能，也就是女婿和媳婦在死後，會運回自己的出生地埋葬。

古墳時代結束後，重視手足的觀念也延續了下去[339]。平安時代的貴族們，出身不同的夫妻，死後也多會回歸自己父系的墳墓埋葬，比起結婚這種契約，古代更重視以血緣為本的氏族。

或許因為這個原因，古代結婚非常隨興，其中的「訪妻婚」就很有名，男女向對方求婚，對方如果同意，兩人就馬上發生關係，這樣就等同於結婚[340]。一般來說，即使是婚後，男女也有一段時間不會住在一起，要離婚也很簡單[341]，不過有很多史料顯示男女同住，這表示有不少夫妻最後還是會住在一起。

從古代戶籍來看，夫妻基本上姓氏不同（按：日本女性結婚後會冠夫姓）。父方的姓氏由孩子繼承，妻子則保留自己氏族的姓[342]。在古代，比起夫妻共同創造的家族，更重視個人的出身血統。

我不清楚當時訪妻婚是否真的很普遍，但可以確定的是，當時的結婚制度比現在寬鬆許多，在當時的法律上，女性也被視為獨立個體[343]，女性也有所有權和繼承權，至今還可以找到女性為了管理莊園而前往該地的證據。順道一提，在中世莊園的開發過程，被稱為女院的女性皇族也占有一席之地。比起同時代的中國，日本的女性更享有權利。女性可以從國家那裡分配到田地，但也得確實承擔納稅義務，也會被召集到宮廷處理雜務。

日本也有一夫多妻制

從當時的家譜來看，同父同母的孩子被歸為一個群體，不分男女，只按照出生順序記名[344]，沒有正妻與妾室之分。至於一般平民呢？由於缺乏資料，我也無從得知當時的真實情況。但既然連貴族都實施訪妻婚，那平民的結婚應該就更彈性了吧。

---

338 正確來說，海螺是冠夫姓，所以鱒男不是入贅女婿。

339 綜合女性史研究會編《日本女性史論集 婚姻與女性》（日本女性史論集4婚姻と女性），吉川弘文館，一九九八年。

340 稱呼對方「妻」，求婚叫做「TOHI」或「YOBAHI」。

341 久留島典子等編《從社會性別來看日本史》（ジェンダーから見た日本史），大月書店，二〇一五年。男女社會性差異的問題，有部分參考本書。

342 今津勝紀《戶籍所訴說的古代家族》（戸籍が語る古代の家族），吉川弘文館，二〇一九年。

343 梅村惠子《家族的古代史》（家族の古代史），吉川弘文館，二〇〇七年。

344 要是在八世紀的家譜，同父親所生的孩子會被歸為一個群體，並從男子優先記名。

經過數百年的歲月，列島從雙系繼嗣轉變為父系繼嗣，同時，女性的權利也就逐漸受到限制。

眾所皆知，平安時代的貴族是採取一夫多妻制。直到十世紀初期為止，眾多妻子之間，雖然沒有明顯的上下之分，但正妻的地位已經漸漸凸顯。

但並不是所有的女性都可以接受這種一夫多妻制。十世紀某位貴族妻子就在日記中寫道，自己花花公子般的老公接連納妾，毫不掩飾自己的嫉妒和憎惡[345]，尤其寫到丈夫與妾之間的孩子死去，她是如何大快人心。不過，可以寫得如此明目張膽，代表當時並沒有很嚴重歧視女性的意識。

雖說是一夫多妻制，但平安朝貴族同時擁有多位妻子的人絕對不多，大都是因為妻子死亡或離婚才多次再婚，就算擁有多位妻子，頂多也就三位左右而已。

當時許多女性年紀輕輕就過世，原因皆是因為懷孕或生產。在醫療不發達的平安時代，生產是賭上性命的大事。根據分析，貴族男性的死亡高峰期在五十多歲，而女性的死亡高峰期則是在二十幾歲[346]，這表示有很多女性是因生產而殞命，平安時代的男性貴族之所以會結婚多次，也有部分原因和此相關[347]。

家的成立促進了父系制。家就類似現在家族經營的小本企業，貴族們的家要承辦天皇指派的工作，比如醫療和天文學，而一般平民成立的家，主要都以農業維生。

家由男系繼承，就表示基本上只能由男性擔任代表。中世以後，日本的各個階層普遍奉行這種家制度。男性代表被稱為家長。比方說以農業維生的家，家長除了安排妻子和工人一天的工作，自己也要從事農事。家長就類似社長一般，他認真操持家業，也會培育下個世代以便繼承。

江戶時代，女性地位低

大家可以想像一下鄉下的農家，大都工作場所也是生活區域，沒有明確區分家事和工作，男女小孩都得工作，叔叔、阿姨，甚至工人等親屬以外的人，也會同住在一起。插秧或是修整道路，其實村裡的工作也不少。中世到近世期間，這就是普遍見到

---

345 十世紀後半，平安時代中期歌人藤原道綱母寫了一本《蜻蛉日記》，這部作品影響了之後的《源氏物語》。順道一提，在十一世紀後半之前，貴族階層應該已經是一夫一妻制。

346 歷史書《大鏡》裡，可以確認死亡年分的男性有一百六十八人，女性有六十二人，死亡高峰期的估算是根據相關研究。梅村惠子《家族古代史》（家族の古代史），吉川弘文館，二〇〇七年。

347 雖然不像平安時代那麼危險，但直到最近為止，生產對女性來說都是非常危險的人生經歷。一八九九年的孕產婦死亡率，十萬人中有四百零九．八人。直到二〇一七年，這個數值才下降到三．四人。厚生勞動省《人口統計資料集》二〇一九年。

的家的型態，「丈夫在外工作，賺了錢交給妻子」這種模式尚未出現。

中世以前的女性，可以繼承家的土地，而越靠近近世（江戶時代），女性就很難成為家的主人，即使如此，還是比同時期的歐洲好一些。十六世紀中葉時，來訪日本的基督教傳教士，非常驚訝於日本非處女的女性竟然可以結婚、妻子可以主動提離婚，妻子可以未經丈夫許可到想去的地方等[348]。

始於十七世紀的江戶時代，眾所周知是女性地位明顯低微的時代，尤其是武士等菁英階層，他們只重視男性血統，女性被視為生孩子的機器[349]。

女性地位式微的原因之一來自儒教的影響。江戶時代是和平的時代，而要維持和平就需要有秩序。只要把身分差別和男女差別合理化，就可以維持秩序，江戶幕府就是利用儒教把這種差別正當化。

江戶時代前期發行的《女鏡祕傳書》，是寫給女性看的自我期許書。書中提到，年輕男性喜歡白皙文靜、沉穩的女性，同時勸戒女性不要讓自己變成骨頭大、手指粗的女人，可想而知當時的社會，已經把柔弱的女性當成某種理想型。

在全體人民必須拚命工作才得以存活的時代，很難有這種理想女性。各個時代或地區，都有所謂的美人吧，但對於連溫飽都很困難的人民來說，根本就沒有餘裕去談什麼理想中的女性。正是這種和平社會、人民生活富裕的時代，才可以把白皙文靜的女性視為理想型，對女性施以差別待遇吧。

男色大流行

江戶時代也是男同性戀大盛行的時代，正確來說，這個時代對男色習以為常[350]。當然，男同性戀也不是從江戶時代才開始有的。平安貴族的日記裡，偶爾也會看到相關記述，天皇甚至會刻意僱用美少年來滿足性需求[351]！而且天皇為了表達他的愛意，還會任命他寵愛的男子擔任高位[352]，之後在武士和寺院之中也發展出男色文化。

在江戶時代，以男色為主的性產業蓬勃發展，以都市為中心，由於中產階級崛

---

348 路易士．弗洛伊斯（Luis Frois）《歐洲文化與日本文化》（ヨーロッパ文化と日本文化），岩波文庫，一九九一年。
349 木鄉和人《日本史的點》（日本史のツボ），文春新書，二〇一八年。
350 蓋瑞．P．盧普（Gary P. Leupp）《男色日本史》（男色の日本史），作品社，二〇一四年。
351 公卿藤原賴長和藤原兼實的日記中，提及白河天皇和鳥羽天皇。
352 根據《平治物語》等書，後白河天皇破格提拔他的愛人藤原信賴，但是藤原信賴之後政爭失敗，後白河也棄他不顧，最後藤原信賴在京都的六條河原被斬首。藤原信賴被美化成區區二十八歲就喪命的傾城美男子，但在NHK大河劇《平清盛》裡，卻由搞笑藝人塚地武雅飾演信賴，讓粉絲大失所望。

起，衍生出巨大的性交易市場。除了江戶、京都、大阪三大都市外，名古屋和仙台等數十個都市和宿場町（按：舊時日本為了傳驛系統所需，而於五街道及脇往還上設立的町場，類似現在的休息站）都可以買到男人，當時也發行很多男色相關的出版物。

不過，與其說很多男性只喜好男色，實際上更多都是男女通吃。十七世紀的暢銷作家井原西鶴，他筆下的人物就曾說：「男色女色沒什麼分別。」表示在性關係中，是男是女都無所謂[353]。即使在現實社會中，男色也不會妨礙個人結婚，例如將軍德川綱吉喜好男色多過於女色，但仍與女性發生關係、留下子孫。

當時的男同性戀會盛行至此，其背後隱藏著男女比例失衡的問題。一七三〇年代的江戶，相對於女性人數一百人，男性竟多達一百七十人，那是因為各地的男性為了找工作，全都集中到江戶所致，之後，也有越來越多女性移居到江戶。不過，直到一八六七年，男女比例才完全達到一比一。

隨著女性人數增加，江戶的男娼文化就慢慢沒落了。進入明治時代以後，在西方文化的洗禮之下，男同性戀一下子就變成眾人忌諱的禁忌。

在明治維新時期，家族模式並沒有馬上改變。工作場所兼生活區域的小本企業模式仍是主流，新制定的民法也保留了家制度[354]。

二十世紀初（大正時代），家族終於迎來改變的契機。第一次世界大戰後，日本社會景氣變好，公司和工廠變多，越來越多家族變成男生在外工作，女生在家料理家事。在這個時期，第一次出現所謂的家庭主婦。以往的家族，根本沒有餘裕養不勞動的人，所以根本不可能有家庭主婦。

男人工作，女人料理家事，這種家族就是近代家族。如同字面上意思，這是近代才形成的家族型態，但是部分保守派人士似乎把這種近代家族，誤以為是日本的傳統家族型態。

近代家族沒有馬上就普及全日本。直到二十世紀中葉，這個國家的絕大多數人民仍從事農業，變成上班族和家庭主婦的，只有部分特權階級而已。都市也有很多都是自僱者，像上班族這種就算什麼都不做，還是可以定期支薪的職業，簡直就像是在做夢一樣。

一九三〇年代後半，二戰正式開打後，男性都前往戰場，女性因此變成重要的勞動力。政府祭出勞動婦人的保護方針，在全國的兵器工廠等處設置托兒所，此舉促進

---

353 出自於一六八六年發行的《好色五人女》的句子。主角直到二十六歲都還未與女性發生性關係，這句是描寫與年輕女性發生關係時的心境，他最後也與該位女性結婚。

354 根據明治民法，家的掌權者稱為戶主，其他成員都定義為家族，但本書沒有採用這種區別。

了今日的女性活躍。

不過在敗戰後，環境又再度不利於女性勞動者。民法修正後，家制度被廢除，新憲法也在法律上設置性別平等條文，實際上卻成效不彰[355]。

敗戰後，GHQ主張廢除世帶單位（按：包括同居的親屬以及非親屬）的戶籍，創設以個人為單位的出生證制度。但日本的司法省，竟以紙張不足為由拒絕此案。當時確實物資不足，但其實官員想以實務優先，只想在最低限度修正法令[356]。結果日本在成立個人編號（按：類似臺灣的身分證）制度後，仍然保有世界少見的戶籍制度。

戰後的日本，雖然達到耀眼卓越的經濟復興，但隨著經濟的富足，勞動女性的比例也跟著減少。歷經了高度成長期，直到一九七五年為止，女性的勞動比例持續下降，越來越多女性成為家庭主婦[357]。

未來的家族發展

本章在開頭，引述了強調生產力的議員的一番話：「以前的日本，丈夫在外工作，並將錢交給妻子，再由妻子操持家計。」這個「以前」，再怎麼追溯也只能追溯到大正時代，而且到一九七〇年代，這個模式才比較普遍。半世紀前確實可以稱作以前，但若是從保守主義者所謂的守護傳統來看，年代還是太新了。

假使因為近代家族的難以為繼，就認為日本即將面臨瓦解危機，那一九七〇年代以前的日本，不就一直都是瓦解狀態嗎？一般而言，這不能說是保守思想，只能說是激進的歷史觀吧[358]。

家族的型態確實慢慢在改變。在一九五〇年代的日本，男女的終生未婚率都在一%左右，而到了二〇一五年，男性升高到二三・四%，女性則是一四・一%[359]。二〇三五年的終生未婚率，男性估計是三〇%，女性則是二〇%，也就是說，結婚將不再是必要的事。

355　橫山文野《戰後日本的女性政策》（戦後日本の女性政策），勁草書房，二〇〇二年。

356　下夷美幸《日本家族與戶籍》（日本の家族と戸籍），東京大學出版會，二〇一九年。

357　一九三〇年代開始穩定的女性勞動力比例，在一九六〇年代大幅減少。尤其光看二十五至二十九歲，一九六〇年五六・五%的勞動力比例，在一九七〇年降為四五・四%，到一九七五年又降到四二・六%。總務省統計局《勞動力調查》。

358　只能說是知識不足。許多人還將這類根本沒什麼歷史的東西，當成傳統一樣寶貝。保羅・馬扎里諾（Paolo Mazzarino）《歷史上的「普通」，究竟是什麼？》（歴史の「普通」ってなんですか？，ベスト新書，二〇一八年）這本書就是在諷諭這種情形，很多事只要持續個三十年，就可以晉升為輝煌的傳統。

359　終生未婚率是指五十歲以上從未結過婚的男女比例，最近也會單講五十歲時的未婚率。

到了這樣的時代，我們不必再拘泥什麼樣的家族才是正常的型態。由男性組成的家族也好，女性想透過精子銀行，或是利用領養制度成為單身母親也罷，今後將會出現越來越多無法以傳統家族定義的多樣化家族吧！

即使如此，母子之間的羈絆還是不會改變的吧。目前為止，生育還是無法由機械代替。從女性產子這層意義來看，母子之間的羈絆就不可能淡薄。不過，科技說不定已經從根本上改變了家族的模式。比方說，透過ｉＰＳ細胞（誘導性多能幹細胞）技術，理論上可以從皮膚細胞做出精子和卵子，只要進一步研究，無論是高齡者或是同性伴侶，都可以生下孩子。

視情況需要，還可以找代理孕母協助。如此一來，困擾女性的生產和育兒，就再也沒有嚴格的時間限制，而以生產力為由，反對同性結婚的觀點，也就站不住腳了。

在以某個時代的人們眼中看來，這種發展或許是家族瓦解，但只要回溯一下日本史就可以知道，日本根本就不存在所謂普遍的家族型態，那些高呼家族瓦解的人，搞不好他們的腦袋才瓦解吧。

5 古代人所預測的未來

二〇二五年，日本預計舉辦大阪世博。世博是世界博覽會的略稱。從一八五一年倫敦舉辦世博以來，世博就一直是展示未來世界的舞臺[360]。

無論如何，一九七〇年日本舉辦大阪世博的成功景象，已經深深烙印在人們的記憶裡。透過超音波自動洗澡的洗澡機、在家就可以工作或購物的萬能電視等，當時的「未來」盡數展現在世博。

現代人理所當然的把未來掛在嘴邊。但是在過去，卻不見得有所謂的未來的概念。以前的人當然知道明天和後天，預言者們也會預測將來的事。不過，現代人嘴上說的未來，與過去稱為的未來，全然不是同一種意思。接下來，我會在本章帶大家回

360 平野曉臣《萬博的歷史》（万博の歴史），小學館，二〇一六年。

顧「未來的歷史」。

時代會輪迴或是進化？

日本最近很愛談論未來的事。

比方說，日本總務省表示在未來的二〇三〇年代，想要實現陸空兩用的飛天車，以及採用全自動農場來解決人手不足的問題，還有讓照護機器人幫忙照顧大家的日常生活等[361]。

現代所描繪的未來，大都是期待藉由科學技術的進步，進一步實現更美好的社會。不過，古代和中世對未來的概念卻不一樣。在當時，原本就沒有所謂進步的概念，當時的人們甚至沒在期待世界會變得更好，他們只覺得日子就像四季變遷一樣，日復一日而已。

繩紋時代的人相信輪迴[362]。把死後前往另一個世界視為回歸自然，而回歸自然的人，某天還會再降生到這個世上，完全就是信奉歌曲〈化為千風〉[363]的價值觀。從二十一世紀〈化為千風〉如此膾炙人口來看，日本人至今也把這種生死輪迴的思想視為正常。

5　古代人所預測的未來

歌手中島美雪也在她的代表曲〈時代〉中唱著：「時代輪替，即使是倒下的遊子，也會再度重生出發」[364]。這種認為時代會輪替的價值觀，與總務省認為的未來會更好的想法截然不同。

古代至中世期間，如有提及未來，大都是以預言的方式呈現。備受尊崇的薩滿祭司，可以與異界溝通，也能聽聞神佛旨意。薩滿祭司一脈，目前只剩下東北的潮來巫女和沖繩的民間靈媒師。

古代人同樣也把夢境視為預言[365]。在《日本書紀》中，有出現單憑夢境來決定王位由誰繼承的內容[366]。此外，根據平安時代所流傳下來的日記和說話集，可以得知當

361 日本總務省情報通信審議會《掌握未來的TECH戰略》（みらいをつかむTECH戦略）的概要，二〇一八年。
362 山田康弘《繩文時代人們的生死觀》（縄文人の死生観），角川ソフィア文庫，二〇一八年。許多研究者認為，放眼全世界，在基督教普及之前，輪迴思想是很普遍的觀念。
363 原本為作者不詳的美國詩作，由日本創作家翻譯成日文，二〇〇六年歌手秋川雅史演唱的版本大受歡迎，引發熱烈討論。
364 中島美雪〈時代〉，一九七五年。
365 西鄉信綱《古代人與夢境》（古代人と夢），平凡社，一九九三年。
366 崇神天皇也不知是否真有其人，但對於描寫崇神天皇的片段，應該創作成分居多。

時的貴族非常重視夢境，因為他們把夢視為一種神諭。現在也有「應驗夢」、「預知夢」的說法，在參考資訊稀少的時代，可以發現人民對夢的信賴度就相對提高。

隨著文字普及，預言也得以被記錄下來。這些紀錄就是未來記[367]。

未來記究竟寫了些什麼？以現代人的立場來看，也不是什麼大不了的內容。至少根本沒有出現二〇一七年爆發森友弊案引發國內混亂、二〇一八年山手線的新站名定為「高輪 Gateway」，以及二〇二〇年爆發新冠肺炎，全民將領到安倍口罩等這樣的預言。

《野馬台詩》也是著名的未來記。據傳由五世紀的中國預言者所作，但詳情已不可考。不過，在八世紀末的文獻中，出現了《野馬台詩》的本文，由此推測，其作品的成立和傳入日本至少都早於八世紀[368]。

《野馬台詩》是五言二十四句詩，開頭寫下「東海姬氏國，百世代天工」，內容比喻甚多，連專家也難以解讀，但是內容提到統治有方的國家發生人民反抗統治者，導致皇家覆滅，全國發生戰亂。之後「茫茫遂為空」，也就是世界瓦解的意思。開頭的「東海姬氏國」多解讀為日本。其中還出現「百王流畢竭」（百王的傳承終將告結）的句子，這也被視為末世思想的依據，認為天皇傳承百代後，日本將宣告終結。

其實，預言都很籠統。光從日本來說，就有過好幾次國家建立後滅亡，或是內亂紛起的事。

就這部分來說，《野馬台詩》的內容很大眾，也許正因如此，這首詩才能長久吸引人們的注意。於十五世紀發生的應仁之亂，也是很認真看待《野馬台詩》的內容。

聖德太子的未來預測

聖德太子的未來記也很有名。

雖然不能確定是否真有聖德太子，但據說他也有留下未來記[369]。比方說，鎌倉時代的說話集《古事談》，就提及一〇五四年在聖德太子的陵墓旁，發現了裝有未來記的箱子。除了這個例子以外，之後也發現好幾次聖德太子的未來記。不過這些未來記

367 有關未來記的資料，很大部分參考小峯和明《中世日本的預言書》（中世日本の予言書），岩波新書，二〇〇七年。

368 鎌倉時代末期的《延曆寺護國緣起》（延暦寺護国縁起）中，在延曆九年注有引用到《野馬台詩》。延曆九年相當於七九〇年，比平安京遷都還早一點。延曆九年注的全文沒有流傳下來。

369 聖德太子是生於五七四年的政治家。據傳他是推古天皇的攝政王，事蹟頗多，也有人質疑聖德太子是否真有其人。

的內容五花八門，有天降猴子等各式各樣的版本，而且基本上都是馬後炮。

令人訝異的是，二十一世紀竟也有人相信聖德太子的未來記[370]。

根據《聖德太子的未來記與光明會》（聖徳太子の「未来記」とイルミナティ）的描述，大阪的四天王寺藏有聖德太子親筆的未來記[371]。不僅如此，據說此書還在一千年前穿越絲路，影響了光明會的成立。該書作者並沒有實際取得未來記，對於它的存在依據，也都是採信四天王寺的重要關係者T教授的發言而已。

《日本書紀》記載，聖德太子具有未卜先知的能力，以此為憑，從而衍生出不計其數的未來記。只要聖德太子的知名度還在，今後也會持續發現奇怪的未來記吧！

平安貴族也害怕世界末日

流行於古代至中世期間的未來記，與原始的輪迴思想有很大的差異，因為多數的未來記都主張時代會越來越糟。在平安時代，貴族之間流行一種叫做末法思想的末世觀[372]。一〇五二年佛教衰退，邁入世間苦難的末法時代。

根據當時人們的信仰，釋迦牟尼佛入滅後的第一個一千年為正法（釋迦牟尼佛的正確教義流傳的時代），接下來的一千年為像法（很多人只學到表面教義的時代），之後就進入末法時代[373]——佛教衰微，世間將陷入一片混亂。

人們認為這個末法時代是從一〇五二年開始。實際上在十至十一世紀期間，貴族社會確實動盪不安，不僅列島各處政變不斷，還發生乾旱、飢荒，又遭遇大地震和火山爆發等自然災害。貴族在害怕末法時代的同時，也皈依承諾死後可以前往極樂淨土的淨土宗。

「這個世界為我所有，跟滿月一樣完美。」（この世をば　わが世とぞ思う　望月の　欠けたることも　なしと思えば）這是權勢滔天的藤原道長所作的和歌，就連

370 中山市朗《聖德太子的未來記與光明會》（聖德太子の「未来記」とイルミナティ），学研プラス，二〇一七年。該書把莫札特的《魔笛》故事，解讀成「共濟會的最高神祇向日本王子致上讚辭，之後日本王子授予永遠的王冠做為酬謝」。

371 四天王寺和法隆寺，據傳都是聖德太子所建的寺廟。不過，根據官方網站說明，四天王寺在一九四五年遭遇大阪大空襲，幾乎整個區域都化為灰燼。

372 川尻秋生《動盪的貴族社會》（揺れ動く貴族社会），小學館，二〇〇八年。

373 當時的貴族應該無法想像，在二十一世紀裡，釋迦牟尼佛和耶穌基督會在東京立川市的便宜公寓內共同生活吧（此為漫畫家中村光的作品《聖☆哥傳》的故事，講談社）。

他也是虔誠的淨土宗信仰者[374]。留下這首狂妄的和歌後，藤原道長在一〇一九年就剃度出家了，他為宿疾所苦的同時，興建了巨大的法成寺，這座華美的寺院宛如極樂淨土再現。

藤原道長死後，迎來了實際進入末法時代的一〇五二年。隔年一〇五三年，藤原道長的長男藤原賴通修建了平等院鳳凰堂[375]，而鳳凰堂象徵著現世的極樂淨土[376]。

平安時代的貴族，就在「時代會變壞」的想法下生活，正因如此，他們為了尋求救贖，才興建了這些宏偉的寺院。不過，這種想法可不是日本獨有，中世紀的歐洲人也不認為世界會變得更好，他們相信自己生活在最後的時代，並將迎來世界末日。

尋芳客和遊女全是高齡者？

進入江戶時代後，出版業大活躍，就連平民都可以讀到未來記。不過，江戶時代不像古代和中世那樣狂熱相信未來記，也不大會影響政治，未來記變成大家輕鬆閒暇時的讀物。

因此，這個時代開始出現幽默版未來記。以《野馬台詩》為例，就出現《野暮台詩》、《野蠻台詩》和《屁暮台詩》等戲仿作品，這也表示人們已經可以用客觀的角度看待未來記。

其中最有意思的，就是一七八一年出版的《無益委記》[377]，它是聖德太子未來記的戲仿作品。書中提到年輕人的髮髻銳利得像刀、由於喜歡新鮮事物，所以即便十二月也會賣鰹魚等，雖然全是一些無聊的未來預測，但也有出現超現代的描寫。比方說，女性會到遊廓買男人，隨著社會高齡化，尋芳客和遊女都會變成老人。簡直就像預言未來女性會前往牛郎店消費，還有高齡化社會一樣。

不過，等到明治維新、西方文化傳入日本時，人們才常談及未來。這裡有一點值得注意，那就是在明治維新以後，人們開始積極談到光明的未來。仔細想想，《野馬台詩》預言世界末日，戲仿作品的《無益委記》也是在感嘆文化衰退，兩者對未來的看法都是一片黑暗。

374　藤原道長在發表這首和歌之前，曾解釋：「這是一首沾沾自喜的和歌。但不是事先準備好的。」可能藤原道長有一點難為情吧。順道一提，藤原道長在吟詠完這首和歌的隔天，就感嘆自己視力不好，那他實際上真的看得到滿月嗎？倉木一宏編《現代文翻譯 小右記》（現代語訳 小右記）九卷，吉川弘文館，二〇一九年。

375　當時稱為阿彌陀堂。據說創建當初，是在沙洲和池塘上面直接興建的。

376　鳳凰堂雖然流傳至今，但法成寺卻在鎌倉時代被燒毀，現在只剩下小小的石標而已。

377　戀川春町《無益委記》，一七八一年。可以在日本國立國會圖書館的數位館藏中讀到該部作品。

在明治時代後，讓社會變得更好的社會改善，在江戶時代以前卻被當作是謀反，因為在江戶時代之前的人認為，應該正確重複執行對的事，才能夠保障政治安定，前車之鑑比什麼都重要[378]。

時代環境限制了未來

中世紀的歐洲一般不會去想光明的未來，對他們來說，光明的事物指得就是烏托邦，而他們認為，烏托邦存在於這個世界的某處[379]。比方說英國作家湯瑪斯・摩爾（Thomas More）的《烏托邦》，也是以在新大陸的新月形島為舞臺。《亞瑟王傳說》的主角，最後也是死於英國某處的傳說之島阿瓦隆[380]。

後來，人們漸漸認為烏托邦不是在現在世界的某處，而是在未來的某個地方。人們經歷地理大發現後，發現地球上好像不存在所謂的烏托邦[381]，加上鐵砲等武器的發明，使身分制受到動搖，又經歷長期的宗教戰爭，人們已經無法單純的信仰神了。在那個時代，人們衍生出進步思想，認為只要相信理性、排除不合理的事物，就可以創造更美好的社會。

進步思想與科學也是一拍即合。實際上在十九世紀末至二十世紀初，科學逐漸改變了人們的生活。這段期間發生了一連串的技術革新，舉幾個重要的例子，像是電話的發明（一八七六年）、發現結核菌（一八八二年）、萊特兄弟飛行實驗成功（一九〇三年），以及開始大量生產汽車（一九一三年）等。

歐美認為科學可以無限發展，因此對未來有各式各樣的猜測[382]。當時，他們就預想未來會出現茶壺形的蒸汽車、空中飛車、水中飯店、國際視訊電話，以及可以用無線電話買賣股票。

這些非常多的未來預測，至今已實現多項，國際視訊電話就是其中之一。他們當時猜測未來可以用錄音的方式傳訊息給對方，藉以取代寫信。從這點我們可以了解，時代會限制人們對未來的想像。

明治維新（一八六八年）以後的日本，人們改以科學的角度預測未來，尤其在導

---

378 長山靖生《令人懷念的未來》（懐かしい未来），中央公論新社，二〇〇一年。

379 川端香男里《幻想烏托邦》（ユートピアの幻想），講談社學術文庫，一九九三年。

380 日本也認為烏托邦在「現在的某處」。收錄於《日本書紀》的浦島太郎故事，也提到主角前往海的彼端蓬萊山，遇到了仙人。

381 直到二十一世紀，日本還持續在不丹、北歐等地尋找烏托邦，真的很了不起。

382 安德魯·瓦特（Andrew Watt）、長山靖生《他們所看見的二〇〇〇年》（彼らが夢見た 2000 年），新潮社，一九九九年。

入「世紀」的概念，也就是以一百年為時代區分的單位後，在一九〇〇年左右，人們開始流行預言二〇〇〇年。

一九〇一年，日本的《報知新聞》刊出〈預言二十世紀〉，預測在二十世紀可能實現的二十三項預言[383]。二〇〇五年，日本文部科學省在白皮書中逐一驗證，在二十三個項目中，已經實現影像電話（視訊電話）、七天環遊世界一周（飛機的發達）、不知寒暑（空調）和遠距照片（電視）等十二個項目[384]。其中，人類與動物可以自由對話、蚊子和跳蚤滅亡，和廢止幼兒園等項目都還沒有實現，但整體預測的準確度還算不錯，因為這是透過科學的想像所做出的預測，比方說，早在一八七六年就已經發明了電話，所以人們會有「可以同時傳送照片」的想法一點也不荒唐無稽。

科學控制著人類的腳步

科學所帶來的，原本就不只有光明的未來而已。作家夏目漱石在一九一二年開始連載的小說中，借一位登場人物「大哥」之口，說了這麼一段話[385]：「人類的不安來自科學的發展，突飛猛進的科學從不允許我們停下腳步。」社會的速度越來越快，「無論到何處都無法稍作歇息，這種不知將被帶往何處的感覺，實在可怕。」

聽到這段話後，書中主角的「我」也表示同意，並回說：「那真是可怕啊。」彷彿要淘汰這些不安的人們似的，科學毫不留情的改變了社會。至少在回顧二十世紀的歷史時，我們無法忽視科學帶來的影響。電燈、收音機、電視、洗衣機和汽車，這些由科技帶來的產品，使人們的生活模式產生變化。

B29轟炸機和原子彈等科技產物，雖然對日本造成毀滅性的傷害，但是人們沒有因此厭惡科技，社會甚至極力主張和平使用原子能，一九五七年日本東海村開始原子爐臨界實驗當天，《朝日新聞》就欣喜報導「日本初次點燃原子之火」[386]。一九六三年動力實驗爐首次發電時，電視新聞也以極正向的角度報導，「原子能所點亮的電燈溫暖閃耀著」[387]。

原子能曾經被視為能夠將社會帶向美好的未來。當時的雜誌把核能電車、核能

383 橫田順彌《一百年前的二十世紀》（百年前の二十世紀），築摩書房，一九九四年。
384 日本文部科學省《科學技術白皮書》，二〇〇五年。
385 夏目漱石《行人》（大牌出版，二〇二〇年），新潮文庫，一九五二年。一九一二至一九一三年在《朝日新聞》上連載。
386 在社論中進一步表示：「相關人員日夜承受不為人知的辛苦，這些努力終於有了回報」，當時還沒有意識到核能發電的危險。《朝日新聞》一九五七年八月二十七日早報。
387 《朝日新聞》一九六三年十月二十七日早報。為了紀念首次發電，把十月二十六日定為原子能日。

飛機和家用原子爐等視為美好未來，卻不知道如果草率使用的話，可能會引發大災難[388]。一九六三年日本開始播放的動畫《原子小金剛》，初期設定也是以原子能為動力。主題曲的歌詞寫著「啦啦啦科學之子」，由此可知當時的科學觀是如此質樸[389]。

當時的兒童雜誌也洋溢著「燦爛光明的未來」[390]。街道上飛天車交錯行駛，東京灣興建人造都市，連宇宙旅行也是指日可待，這些未來願景，全部都凝聚在一九七〇年的大阪世博。

我們將前往怎樣的未來？

前面帶大家回顧了「未來的歷史」。我們可以深刻體會到，未來很受到當代環境的限制，古代至中世期間，根本沒有任何未來記提到，將來會出現網路和高樓大廈。

一九五〇年至一九七〇年代，日本正享受工業化社會所帶來的富饒。那個時候，汽車全面普及，家家戶戶都有電視，飛機也漸漸廣泛被使用。當時大家對未來的預測，大都認為汽車、機器人等工業製品將無限發展。

其實二十一世紀的人們對未來的預測，也同樣受限於工業化社會的想像。二〇一五年NHK播放的節目《NEXT WORLD》，提到未來的東京灣，將以高度超過一千六百公尺的超高摩天樓為中心，建立起海上都市，還介紹很多像是刊載在昭和時代兒童雜誌上的那種未來圖景[391]。

本章在開頭曾提到日本總務省的願景，那也是工業化社會所想像的未來。日本經濟產業省甚至在二〇一八年成立官民會議，共同商議實現空中飛車的目標[392]。

政府所展望的未來竟如此陳腐，簡直令人傻眼。不過，其實也曾有國家官員做過非常正經的未來預測。這位官員就是曾經在通商產業省（現為經濟產業省）任職的堺屋太一，他在一九七六年寫了一本近未來小說叫做《團塊世代》[393]，正確的預言了之後會出現的高齡化社會和銀色民主。因為這本書不是從科技的角度出發，而是站在人

388 早川 tadanori《核電烏托邦日本》（原発ユートピア日本），合同出版，二〇一四年。

389 《原子小金剛》主題曲，作詞者為谷川俊太郎。

390 堀江晶子編《昭和少年科幻大圖鑑》（昭和少年ＳＦ大図鑑），河出書房新社，二〇〇九年。

391 ＮＨＫ特輯〈NEXT WORLD〉製作組編《NEXT WORLD》，ＮＨＫ出版，二〇一五年。

392 日本經濟產業省「空中移動革命之官民協議會」（空の移動革命に向けた官民議会），二〇一八年。如果空中飛車真的普及的話，天空可能會塞車，為了取締違法航行，甚至還要出動退役警察等，好像不是什麼好事。

393 堺屋太一《團塊世代 新版》，文春文庫，二〇〇五年。連載是在一九七六年。

口動態、社會保障和財政的觀點來思考日本的未來[394]。

當今多到數不清的未來預測中，大都缺乏這樣的觀點[395]。如果可以傾盡國家的財力，無論是海上都市還是空中飛車，通通都可以實現吧！不過，無論是什麼樣的社會，都會受到財政和倫理等各種制約。技術上可行的，與社會上認可的，兩者是不同的概念。

比方說在二〇〇〇年代，日本曾是寬頻先進國家，但是網飛（Netflix）卻誕生在網路後進國家美國。不管5G如何普及，也不保證它一定是劃時代的技術革新[396]。

現在的技術很快就會跨越國境，在這十年當中，出現了智慧手機，這些新技術，全部都是由海的另一端突然帶來的「新未來」。什麼時候日本才會出現獨創的未來技術，並風靡全世界呢？

許多經濟人把大阪世博視為一大契機，但前景卻是非常嚴峻！

6 戰爭，讓國家更強的有利藉口

人類是從什麼時候開始打仗的？至今猶未可知。古代人是過著彷彿烏托邦的和平生活？還是每天腥風血雨征戰不休？戰爭究竟是不是人類的本能？不同的研究者之間，看法完全不同。

根據最近盛行的學說主張，在農耕社會成立之前，人類一直都在打仗[397]。實際上，五萬年前尼安德塔人的遺骨，也被發現胸口殘留著被敵人刺傷的傷口。在三萬年

394 也是大阪世博的核心人物。不過什麼都想透過世博解決的想法，非常不適用於資訊化社會。之前也曾舉辦過奇妙的「網際網路博覽會」。

395 暢銷作者河合雅司所著的《未來年表》（講談社現代新書，二〇一七年），就很罕見的根據人口動態來預想未來，不過，似乎有點過於悲觀。

396 日本逮捕金子勇等優秀的程式設計師（最高法院判決無罪），連國家都有許多打壓技術革新的前科。

397 阿扎爾．蓋特（Azar Gat）《文明與戰爭》（文明と戦争），中央公論新社，二〇一二年。

前至一萬年前的時代，世界各地的墓地都可以發現負傷的骸骨。

不過，能找到的證據有限。因此，研究者們為了推測上古時代的生活，開始研究現代的狩獵採集民族，這是因為他們的生活，應該與文明化以前的人類生活有很多共同點。

根據某研究，狩獵採集型社會其實有九〇％會發生暴力紛爭，幾乎所有團體，每兩年就會爆發一次團體間的抗戰。順道一提，黑猩猩之間也會交戰，其死亡率與人類的部落社會很相近[398]。

不過，如果因此把戰爭斷言為人類的本能似乎還太早。假使多數人先天就具有攻擊性，但攻擊與否，絕大多數還是取決於環境。數十人在水源和糧食充足的廣大土地上生活，與數千人擠在沙漠般荒涼的地方，當然是後者的環境比較容易爆發戰爭。從日本的研究也可以推測得到這種情況。

和平的繩紋，危險的彌生

根據山口大學和岡山大學的共同研究，日本繩紋時代的暴力致死率為一・八％，為「戰爭為人類本能」的說法掀起一番熱議[399]。調查了日本兩百四十二處遺跡的兩千五百八十二具人骨，發現其中推測因暴力而受傷的人骨只有二十三具而已。

以現代人的角度來看，暴力致死率一．八%感覺好像很恐怖。然而在二〇一九年，日本死於他殺的有兩百九十三人[400]，相對於該年有約一百三十六萬人死亡，單純計算他殺的占比，其實只有〇．〇〇二%而已。

雖說如此，一．八%這個數字，比起其他地區都還算好的。根據某人類學家的估計，在典型的部落社會，每年都會因為打鬥損失〇．五%的人口[401]，而且在狩獵採集型社會中，男性其實有一五%至六〇%會因為爭鬥殞命。假使人類按照這個死亡率過完二十世紀，估計會有二十億人死於打鬥。

當時的日本列島可以如此「和平」，應該與人口密度和自然環境有相當大的關係。繩紋時代的人口，估計頂多只有二十六萬人而已[402]。按照這種人口密度，就算想

398　賈德．戴蒙《昨日世界》，日本經濟新聞出版社，二〇一三年（時報出版，二〇一四）。

399　〈日本史前時代的暴力與戰爭〉（日本先史時代における暴力と戦争），岡山大學，二〇一六年。這個研究把繩紋時代定義為西元前一三〇〇〇至西元前八〇〇年。

400　日本厚生勞動省〈人口動態統計〉二〇一九年的推計數字。

401　勞倫斯．基利（Lawrence Keeley）《文明前的戰爭》（*War Before Civilization*），紐約：牛津大學出版社，一九九六年。

402　鬼頭宏《從人口來看日本歷史》（人口から読む日本の歴史），講談社學術文庫，二〇〇〇年。

打架也遇不到其他團體吧！

自給自足型的社會，原本就很難爆發大規模戰爭，因為他們只要在附近採收作物，與其他聚落交換物品就足以生活。雖然可能也會因為水源或土地發生爭執，但不會持續很久。

不過，在列島真正開始水稻農耕後，戰爭也變得越來越多。在這個時期，類似鐵這種流通資源開始變得搶手，而且這類物資只能透過遠距離交易才能取得。當想要的資源過於稀少，就沒有辦法以以物易物來得到滿足，因此容易爆發戰爭。從這點來看，繩紋時代結束到大和政權誕生為止的這段期間，可想而知日本都處於戰爭不休的狀態。

從世界各地發生各種暴力的歷史研究，我們可以得到一個結論，那就是無論是何種獨裁政權，都比無政府狀態還要好[403]。從近代史來看，權力瓦解後的混亂期更容易出現大量虐殺。二十世紀俄國和中國的內戰，以及從一九九一年持續至今的索馬利亞內戰，都是最具代表性的例子[404]。

在大和政權取得勢力前，近畿中央地區其實持續了五百年的武力衝突。人們會在據點設置環濠防衛，各區域都會打造自己的武器[405]。從當時的戰爭模式來看，雖然會不定期相互爭鬥，卻不會一打輸就馬上歸順勝方。

不過後來在團體之間，逐漸衍生出統治和從屬關係。隨著團體合併的規模擴大，環濠聚落消失了，也不大使用武器了。原本團體之間彼此打鬥，也逐漸演變成由部分權勢者獨占武力的時代。

人們雖然享有某種程度的和平，卻得承受嚴重的身分階級，日本的巨大古墳，就是其中一個象徵。當時的政權動用龐大的勞力，不是為了軍事目的，而是為了用來塑造自己的威勢。

古代日本的戰爭少得令人吃驚

雖然日本內部逐漸邁向統一，卻不是一下子就成為和平時代。四世紀末至五世紀，以及七世紀後半，古代日本都曾出兵攻打朝鮮半島。

403　馬修．懷特《殺戮世界史》（殺戮の世界史），早川書房，二〇一三年。

404　根據馬修．懷特的估計，一九一八至一九二〇年期間，俄國內戰犧牲了九百萬人；一九二七至一九三七年間，以及一九四六至一九四九年期間的兩次國共內戰，總計犧牲了七百萬人；索馬利亞內戰，估計有五十到一百萬人死亡。

405　松木武彥《日本列島的戰爭與國家形成初期》（日本列島の戦争と初期国家形成），東京大學出版會，二〇〇七年。

卑彌呼死後曾發生倭國大亂（各地內戰）：大和政權統一的過程中所發生的戰爭；天皇家為了爭奪皇位繼承權而爆發的壬申之亂；對東北地區的居民展開長達三十八年的戰爭等，日本島上可謂戰事連綿。不過比起中國、朝鮮半島、歐洲和伊斯蘭圈的眾多國家，日本無論是規模或次數都要少上許多[406]。

在其他國家，對外戰爭是家常便飯，就算某個王權統治了大部分領土，反覆發生政變的情況也不少見。中國相信易姓革命（按：一姓王朝推翻另一姓王朝並建立新王朝），認為失德的王朝就應該滅亡。

不過日本否定易姓革命，他們認為天皇家的統治就是世襲。軍權由皇族的源氏和平氏負責掌管，就連武力也是世襲的。因此，雖然曾出現動亂，卻沒有發生過意圖推翻國家和天皇，另外建立新國家的戰爭。

即使日本發生過幾次叛亂，權勢者也大都對敗方採取息事寧人的處置。舉古代最大的內亂壬申之亂來說，被處以極刑的也只有八人，其他的參與者幾乎都只承擔輕微罪責。

為了建立以天皇為中心的強大國家，戰爭似乎變成了有利的藉口[407]。六〇〇年代後半，日本也曾經與朝鮮半島發生武力衝突，因為朝鮮半島或中國都是有可能侵略日本的國家。

強大日本的誕生與終結

這段時期，古代日本已經建立戶籍制，並開始實施徵兵制，而重要的是，戶籍和徵兵都是由中央主導。在以往，地方或許會各自向當地居民徵兵，也可能有簡單的戶籍。為了必要之時有能力與他國交戰，當時的執政者想要透過建立戶籍和全面徵兵，將日本轉變成中央集權的強大國家。

實際上在這段時期，東北亞可以說是一片祥和，究竟為什麼日本非得要變成強大國家？實在令人費解[408]。尤其在六七六年，朝鮮半島爭奪統治權的戰爭也告一段落，日本應該沒有迫切的危機才對。

總之，當時的日本想要建立「強大國家」，但以情勢來說很不合時宜，吃虧的會是一般平民。為了徵兵，人民被迫失去勞動人口，還得負擔沉重的賦稅。勉強行事總

406 倉本一宏《內戰之日本古代史》（内戦の日本古代史），講談社現代新書，二〇一八年。

407 倉木一宏《戰爭之日本古代史》（戦争の日本古代史），講談社現代新書，二〇一七年。

408 東北亞曾經動盪不安。唐朝新羅聯軍在六六〇年滅了百濟，六六八年滅了高句麗。六六三年的白江口之戰，日本（倭國）也有參戰，為了協助百濟國復興，日本與唐朝新羅聯軍對戰，最後吃了敗仗。之後，唐朝與新羅為了爭奪半島的統治權，於六七〇至六七六年期間爆發唐朝新羅戰爭，最後唐朝撤離半島。六〇〇年代後半，日本積極建立軍事國家，這段時期的東北亞情勢已經趨於穩定。

是無法長久，比起一般平民，反倒是權勢者開始覺得徵兵制有問題。八世紀後半，徵兵制開始被視為社會重擔。諸國的軍隊軟弱不堪，大部分的人連步兵也無法勝任，而且因為徵兵期間免除賦稅，所以不必繳稅也不必從事生產活動，執政者開始檢討徵兵制是否真有其必要。

執政者最後決定廢除徵兵制，除了重要地點外，其餘軍隊都予以解散[409]。後來，日本的軍隊不再召集體弱的平民來鍛鍊，改為訓練出擅長弓箭和馬術的專業士兵。不過，訓練騎射等武術都需要有閒暇時間，忙著務農的人們，哪有時間練習騎射？

結果，變成都是一些有錢有閒的百姓在軍隊嶄露頭角。對他們來說，加入軍隊應該是出人頭地的最佳途徑。有些人後來與皇族和貴族的子孫聯合組成集團，這被認為是武士的起源[410]，但這些人主要是一些鄉下流氓混混。

基於這個背景，武士活躍的中世時代就此展開，但他們也並不是一年到頭都在打仗，期間也有數十年沒有發生大規模戰爭。中世之所以危險，並不是因為教科書所提到的內戰，而是人們在日常生活中就會遇到危險。江戶時代和現代都是由國家獨占武力，中世卻不一樣，任何身分階級的人都可以發動武力抗爭。

加上眾多的法律和舊習並存，這個時代沒有唯一的正義可言。根據紀錄，列島中經常爆發爭鬥和殺人事件。京都的街道尤其危險，就算走在路上擦肩而過，彼此也可能拔刀相向[411]。

雖然中世也發生過多次掌權者換人當的戰事，但規模都不大，即使是著名的關原之戰，也只花了六到八小時就結束。對外抗爭的經驗也不多，在古代和中世，日本遠渡重洋去打仗的次數，也僅有三次而已[412]。

「神風」沒有吹來

十三世紀後半，日本曾經兩度被蒙古侵略，戰場就在九州[413]。這場戰爭起因於日

409 現代由於軍事技術的價值提升和專業化，也有人主張不需要徵兵制。不管任何時代，要想訓練、操控素人都是很吃力的事。

410 桃崎有一郎《揭開武士的起源》（武士の起源を解きあかす），ちくま新書，二〇一八年。根據該書的說法，郡司（地方官）、富豪階層的弓騎，和武人輩出的世族異勢力，以王臣子孫為首形成集團，武士因此誕生。「為了守護自己的土地和財產，地方農民形成武裝勢力，最後變成武士」的說法，現在多認為不甚正確。

411 清水克行《喧嘩兩成敗一詞的出現》（喧嘩両成敗の誕生），講談社，二〇〇六年。在有正義的時代，中世人講究調和的折衷之法。

412 五世紀的高句麗戰爭、七世紀的白江口之戰，還有十六世紀豐臣秀吉對朝鮮出兵。

413 一二七四年的文永之役，一二八一年的弘安之役，兩者在日本合稱元寇（蒙古來襲）。

本不願意歸順蒙古[414]，因而引發了「蒙古來襲」（元日戰爭），後來因為颱風吹翻蒙古敵船，所以日本才出現「神風」信仰。

第一次戰爭時，蒙古派遣三百艘大船和六百艘小型船進攻日本[415]。出航時，蒙古船上應該有數萬人，不過日本很善戰，把蒙古軍擊退。蒙古船雖然遭遇狂風，但這並沒有對勝敗造成關鍵性的影響。

蒙古軍並沒有放棄。第一次戰爭後過了七年，蒙古以更大的規模進攻日本。該次戰役蒙古也遇到颱風，使蒙古軍遭受極大損失，不過當時參與戰爭的日本人，都沒有人認為是承蒙神之力相助，因為在颱風離開後，戰爭仍接著打下去，日本也蒙受極大損失[416]。

後來蒙古軍終於撤退。之後日本雖然又經歷了南北朝內亂和戰國時代等內戰，卻再也沒有來自海外的侵略。而之後江戶時代的戰爭也都很少。放眼全世界，當時日本的戰爭經驗算是非常稀少，不過在進入明治時代後，卻突然丕變。

大丕變的大日本帝國時代

日本成為大日本帝國後，不僅侵略朝鮮半島，甚至還將勢力圈擴大到中國等亞洲各國。

明治政府在一八七三年恢復古代的徵兵制。雖說如此，徵兵制初期已有很多免除規定，實際上成為士兵的只有符合條件的三・五％而已[417]。甲午戰爭時期的徵兵率為五％，即使在明治末期至昭和初期，也大約是二〇％。

對當時的人們來說，戰爭並不全然是負面影響，至少在戰爭初期，日本景氣有變好，海水浴場和國內旅遊都很興盛，還出現很多發戰爭財的人。只要繼續打勝仗，社會前途將一片光明[418]。一般人聽到打勝仗，簡直就像觀看世界盃足球賽那樣歡欣鼓舞，但是戰爭的代價是很大的。不斷擴張勢力的大日本帝國，在與聯合國開戰後，就吃了大敗仗。

414 吳座勇一《戰爭之日本中世史》（戦争の日本中世史），新潮選書，二〇一四年。假使日本歸順蒙古的話，可能會被叫去支援攻打蒙古最大的敵國南宋。

415 「因為神的庇佑所以打勝仗」，這種想法來自沒有參與戰爭的貴族和僧侶。詳細請參考服部英雄《蒙古來襲與神風》（蒙古襲来と神風），中公新書，二〇一七年。

416 根據《高麗史》的記述，真的是「戰艦三千五百艘，蠻軍十餘萬」的大軍。針對大軍的規模，不同的資料有不同的記述。

417 加藤陽子《徵兵制與近代日本》（徴兵制と近代日本），吉川弘文館，一九九六年。

418 NHK製作組編《日本人為何要挑起戰爭》（日本人はなぜ戦争へと向かったのか），NHK出版，二〇一一年。

三島由紀夫的自傳小說中，曾描述一段在戰爭末期被動員到飛機工廠協助生產的情景：「我從沒見過這麼不可思議的工廠。近代的科學技術、經營方式，以及眾多優秀頭腦的精密合理思維，這些全部都獻給了一樣東西，那就是『死』。[419]」該工廠製造的，是給特攻隊用的戰鬥機。追求合理性的近代科學技術，反而用來支援特攻隊這種極度不合理的制度，真是天大的矛盾，簡直濫用了民族國家的意義。

日本犧牲了約三百一十萬人。以世界的角度來看，第二次世界大戰也是一場異常的戰爭，士兵兩千萬人，平民四千六百萬人，合計六千六百萬人死於這場戰役，這是人類史上出現最多死者的事件[420]。

從日本歷史的角度來看，大日本帝國時代可說是一段異常的時期。日本雖然從古代開始就經歷無數戰爭，但像這樣傾盡舉國之力，甚至遠渡重洋的大規模戰爭，可以說是前所未見。

平成時代和平落幕

這是在民族國家的制度下才可能做到的事。戰後的日本，也善用民族國家制度，達到經濟成長的目標。最後，日本迎來沒有對外戰爭，也沒有內戰的和平時代。

日本國憲法第九條宣告放棄戰爭。條文約短短一百三十字，在戰後的日本引發了眾多議論。贊成派與反對派都各持己見。憲法第九條有時象徵和平，有時又變成是嘲笑理想主義的代名詞。日本非政府組織NGO經營的環遊世界遊輪和平號（PeaceBoat），某段時期還曾表演舞蹈宣揚憲法第九條的理念[421]。

究竟為什麼會出現憲法第九條？一九四五年日本戰敗，在GHQ的壓力下被迫走向民主，當時的政治家似乎不想制定新憲法，只想以大日本帝國憲法的解釋改憲（按：對憲法條文進行附加性解釋）應付過去[422]。面對嚴厲的國際輿論，他們的共同目標變成至少要維持天皇制，作為繼續維持天皇制的交換條件，才出現承諾放棄戰爭的憲法第九條。

戰爭一結束，廢止天皇制的言論滿天飛，但根據二〇一〇年實施的輿論調查，高達八五％的民眾回答天皇有發揮作用[423]，而希望廢除天皇制的人只有八％而已，對未

419 三島由紀夫《假面的告白》（木馬文化，二〇〇二年），新潮文庫，一九五〇年。
420 數據出自馬修．懷特《殺戮世界史》（殺戮の世界史），早川書房，二〇一三年。
421 古市憲壽《希望難民一行人》（希望難民ご一行様），光文社新書，二〇一〇年。
422 細谷雄一《戰後使解放II　什麼是獨立自主》（戦後史の解放II　自主独立とは何か），新潮選書，二〇一八年。
423 加藤元宣〈平成的皇室觀〉（平成の皇室観）《廣播研究與調查》（放送研究と調査），二〇一〇年。

來天皇制的看法，有八二%的民眾認為只要維持現狀就好。

大日本帝國憲法時代，曾是象徵戰爭國家的天皇，戰後則變成和平國家的象徵。平成將近尾聲的二〇一八年十二月二十三日是天皇的生日，天皇召開記者會發表感言，其中發表了下列一席話：「先前的大戰造成許多人民喪生，莫忘我國戰後的和平和繁榮，是由眾多的犧牲和國民努力不懈換來的，我認為需要正確的把這件事傳達給戰後出生的人。沒有任何戰爭的平成即將落幕，我由衷感到安心。」

和平到來，戰爭卻沒有消失

平成期間，雖然曾經發生日本參與其中的波斯灣戰爭和伊拉克戰爭，但與昭和時代相比，平成毫無疑問是個和平的時代，或許也曾發生過悲慘的恐怖攻擊和大災害，但死亡人數根本與第二次世界大戰沒得比。

這種和平可以持續到何時？二〇一八年發生韓國雷達鎖定爭議，以及中國的軍備擴充等，東亞的情勢已經不能拍胸脯保證和平了。全世界也興起抵制中國華為和中國App的行動，網路時代的「冷戰」似乎一觸即發[424]。不過，這種衝突應該不會演變成像世界大戰那樣的軍事戰爭，因為各國都會衡量自己國家的利益，發動戰爭不一定對自己有利。

未來的資訊戰

在過去，擴充領土對國家有利，因為增加國民數量和掌握更多資源，可以為國家帶來繁榮。不過，現代國家想要得手的，是其他方面的利益。

比方說抵制華為的行動，也有爭奪次世代通訊規格5G霸權的因素在內。所謂爭奪霸權，雖然等同於以往的戰爭，但與發動軍事行動的類型截然不同。與其發動戰爭，造成己國人民和他國人民死傷，導致經濟荒廢，不如想辦法讓更多人使用己國服務，藉以取得眾多國家的資訊，這樣才更能夠獲得龐大的國家利益。從這層意義來看，先進國家都不會真正想發動武力戰爭。

日本與韓國之間爆發的雷達鎖定爭議，韓國的態度之所以那麼強硬，也是因為日本對他們的經濟已經沒有關鍵影響。一九六〇年代後半，日本約占韓國貿易額四成，

424 在冷戰時代，蘇聯採取的是核武軍事威脅，而不是經濟威脅。但目前對日本、美國等世界多數國家來說，現在的中國成為最大的貿易對手國。田中明彥《後現代主義的「近代」》（ポストモダンの「近代」），中公選書，二〇二〇年。

現在連一成都不到。最近由中國取而代之，占韓國貿易額的二五%。我想這就是韓國會對日本這麼強硬的最大原因吧[425]。

暴力確實已經逐漸遠離。雖然我們至今仍會聽到悲慘的紛爭和恐怖攻擊的新聞，但如果只從戰爭和殺人的比例來看，現代人真的是生活在歷史上最安穩的時代。但這並不表示戰爭已經結束。美國和歐盟，俄國和中國等國家，已經逐漸邁入混合戰（Hybrid Warfare）的時代[426]，不只透過兵器，還運用假新聞、網路輿論等混合方式進行戰爭。這種作戰模式，有時還可以大幅左右選舉結果和金融市場。不必動用到武力，就能影響他國發展到對自己有利的情況，真的是非常划算的做法。

往後的人類，應該也不會停止戰爭，暗殺利害關係者這種事，我想也不會從地球上消失。不過，只要這類戰爭可以減少使用武力，應該也算是值得高興的事吧。

7 讀歷史，我可以學會什麼？

歷史應該怎麼講才好？如果對歷史感興趣，應該讀哪種書才好？這個問題很難回答。如果問的不是日本歷史而是日本大斷層，那還比較好說，你只要拿一本自然科學的入門書籍研究一番即可[427]。

但如果換作是歷史，除了主題過於龐大外，也牽涉到意識形態。對於大斷層的看法，或許難免也有一些爭議，但比起歷史根本就是小巫見大巫，因為除了學術看法的

---

425 木村幹《歷史認識如何說到今日》（歴史認識はどう語られてきたか），千倉書房，二〇二〇年。不過在當今韓國，即使提起與日本相關的歷史問題或是領土問題，也不大會影響總統的支持率。

426 一田和樹《假新聞》（フェイクニュース），角川新書，二〇一八年。為了對付假新聞，大家紛紛呼籲要查核事實，政治宣傳媒體也會查核事實。這個時代真的不知道該相信什麼才好。

427 藤岡換太郎《日本大斷層》（フォッサマグナ），講談社，二〇一八年。是近年來的好書，隱藏版的暢銷作品。

對立，政治和外交等因素都會影響歷史的解讀。

該如何講述歷史？從很早開始，研究學家們就一直在討論這個問題。有段時期的歷史家重視敘述原貌，意思就是不能加以修飾，要呈現最原本的樣子[428]。或許你會覺得這是理所當然的，比起充滿偏見的歷史，更應該要忠於歷史原貌才對吧。

不過這真的有可能忠於原貌嗎？即使是歷史學家，也會受到時代、語言等各種價值觀的限制。日本的歷史學者所描述的歷史，無論如何都會傾向以日本為中心，很難如實描述所發生的事件。最後大家會發現，要完全正確的講述歷史是不可能的。

有一本經典作品叫做《歷史學家的技藝》，現在也經常被拿來參考[429]。該書主張歷史學家的工作，就是理解、分類和說明。如果以拼圖來比喻，比起把每一片拼圖拿來好好研究，更重要的是如何把這些拼圖組合起來，也就是所謂的說明歷史。

描述歷史的原貌究竟有多困難？只要想一想第二次世界大戰就可以理解。

以戰勝國美國的立場，只記得這是一場贏得漂亮的戰爭，而對於戰敗國日本來說，就像一場超過七十年以上，都在加害者意識與被害者意識之間糾纏不已的夢魘。

在二十世紀中葉，日本和中國之間發生戰爭這件事，是無庸置疑的！不過，當初日本是「進軍」還是「侵略」？不同立場，就會產生截然不同的歷史敘述方式。

韓國也想從真實的角度，解讀戰爭中發生的事件。二〇〇〇年代，專家們曾齊聚一起進行「日韓歷史共同研究」，但以失敗告終。此外，還有由日中韓三國組成的團隊，想要共同編纂歷史教科書，但是在現階段，也只是由部分有志之士組成的小規模計畫而已[430]。

二戰前根本就沒有繩紋時代

假使是沒有利害關係者的上古時代，就可以如實描述歷史了嗎？其實也很難辨到。就連繩紋時代的歷史研究，也大幅受到時代影響。

繩紋時代是指約一萬六千年前至約三千年前的時代[431]。該時代的人都已經不在世

---

428 強調歷史的原貌，這是十八世紀的歷史學家利奧波德·馮·蘭克（Leopold von Ranke）的主張。他批判哲學嘉黑格爾等人的觀念論和進步主義，堅持呈現每項事件的個別性和特殊性。

429 馬克·布洛克（Marc Bloch）《歷史學家的技藝》，岩波書店，二〇〇四年（五南，二〇一九年）。初版發行於一九四九年。

430 日中韓三國共同歷史編纂委員會，至今已經發行《東亞三國的近現代史》（三聯，二〇〇五年；高文研，二〇〇五年）和《超越國境的東亞近現代史》（三聯，二〇一三年；日本評論社，二〇一二年）。

431 嚴格來說，時代的開始與結束，往往也隱含論者個人的主張或偏見。本書的區分方式，是把土器文化的出現視為繩紋時代的開始，水田稻作的出現視為彌生時代的開始。

上了。即使如此，隨著時代變遷，人們對繩紋時代的概念也一直在改變[432]。

戰前的日本史，根本不覺得有必要區分成繩紋和彌生，於是兩者都被歸類為石器時代[433]。第二次世界大戰結束之後，日本的歷史觀有所改變。仰賴狩獵採集維生的時代，被視為貧乏的繩紋時代，而在中國傳來新文化和水田稻作技術後，就發展成富足的彌生時代。這種想法與戰敗後歐美文化傳入，日本的生活越來越富足的情形很一致。

到了流行超自然現象的一九七〇年代，當時的人們認為，遮光器土偶是仿照宇宙人的樣子，繩紋時代之謎引發大眾熱烈討論。

之後在一九八〇至一九九〇年代，日本進入歌舞昇平的泡沫時期，除了興起吉野里遺跡（按：日本彌生時代大規模環濠聚落的遺跡）熱潮，還認為繩紋時代就像烏托邦一樣，不存在社會差異和階級制度，對於厭倦泡沫（經濟）和戰爭的人們來說，繩紋時代能夠「療癒」他們。

到了二〇〇〇年代，社會掀起談論格差社會的熱潮，大家開始議論繩紋時代其實也有社會差異。當然，這其中

▲吉野里遺跡。

看法的轉變，也是因為有發現了新證據等外在因素。不過當我們回頭看看，其實當代的社會情況，會影響人們對繩紋時代的概念。

就連似乎與政治意識形態無關的繩紋時代，都如此受到時代因素的影響，更遑論那些與現代直接相關的歷史事件，會被摻入各種想法也是可想而知，明治維新就是最具代表的例子。

日本老一輩為什麼那麼愛明治維新？

沒有比明治維新還讓後世人們樂此不疲舉辦相關活動的事件了[434]。

一般提到明治維新，多數印象都是具有革新思想的薩長（薩摩藩〔今鹿兒島〕和

432 山田康弘《被創造出來的繩紋時代》（つくられた縄文時代），新潮選書，二〇一五年。這本書是以歷史社會學的角度考察繩文時代。

433 以往也曾以土器的特徵分辨繩紋式文化和彌生式文化，但人們如此積極的區分這兩個時代，是在一九六〇年代以後。從學術上來看，應該是受到進化論的影響。

434 宮澤誠一《明治維新的再創建》（明治維新の再創造），青木書店，二〇〇五年。想要概觀明治維新，可以參考田中聰《看破明治維新的謊言》（明治維新の「嘘」を見破るブックガイド），河出書房新社，二〇一八年。

長州藩（今山口）青年們，推翻了守舊迂腐的江戶幕府，建立了近代國家的基礎。明治維新被大眾認為宛如日本的黎明。

不過根據最近的研究顯示，德川幕府在美國黑船來航後，曾經連續幾次大幅改革，力圖使軍制、稅制和人事系統邁向近代化[435]。為什麼急就章的明治政府可以統治全國？主要是因為繼承了江戶幕府所建立的行政組織[436]，否則光靠薩長的鄉下青年，政府如何得以運作？而且在輿論連聲疾呼擊退外國之際，幕府澈底避免發生戰爭[437]，是因為幕府深知向強大的軍力全面開戰，日本根本不是對手。

既然如此，光明的明治維新與迂腐守舊的江戶幕府，這種形象到底是怎麼產生的？這當然與歷史贏家明治政府的形象策略，以及小說家司馬遼太郎小說的影響有關。不過，從更本質上來說，這也與設定「日本開始於何時」的歷史觀有關。

當一個共同體發生重大危機時，往往會尋求回歸原點。以現代日本來說，這個原點不會是智人抵達列島的四萬年前，也不會是神武天皇時代。因此，大家所想到的就是明治維新，這就類似於「賈伯斯還在的蘋果」的概念。

許多人總是把明治維新當作回溯的原點。實際上，在明治一〇年代（一八七七年）也曾發起第二次維新運動，之後也很多人高喊要大正維新或昭和維新。一九九二年成立的平成維新會、二〇一〇年成立的大阪維新會，從這些名字就可以知道，日本現代人只要提起社會危機，就一定要把維新一詞拿來用。

明治維新堪稱近代日本唯一的自發性革命。從這層意義來看，力圖改革的人們，每次一定都要回溯到明治維新時期。

歷史教科書寫的內容都是真的嗎？

由此可知，歷史往往被後世人拿來利用。描寫唯一真實的歷史，簡直是天方夜譚。再說，要怎麼看歷史，本來就會因人而異。比方說在一九九〇年代末，日本有一本大眾取向的歷史書籍《國民的歷史》非常暢銷[438]。這本書提到歷史不是科學，歷史是「人類智慧的累積，與現代人對未來的希望、不安和欲求息息相關，是感性解讀的

435 自從一八五三年美國的培里來航後，江戶幕府接連實施安政改革、文久改革和慶應改革。直到一八六七年大政奉還的十四年間，整個幕府大為改變。

436 門松秀樹《明治維新與幕臣》（明治維新と幕臣），中公新書，二〇一四年。

437 保谷徹《幕末日本與對外戰爭危機》（幕末日本と対外戦争の危機），吉川弘文館，二〇一〇年。

438 西尾幹二《國民的歷史》，產經新聞社，一九九九年。當時興起正面評價日本近現代史的市民運動，連亞洲太平洋戰爭也被正面解讀。身為中心人物的西尾幹二，也是新歷史教科書編纂會的創辦者之一。該編纂會是當今「網路右翼」的思想源流。

世界」。這番主張充滿浪漫情懷，但如果真是這樣，歷史書不就與歷史小說沒什麼兩樣了嗎？

正統的歷史書都是根據先行研究和史料，再以批判的角度寫作而成[439]。因此，由專家所寫的歷史書，多數都語帶保留。不同於「武士的出現」或「織田信長的暗殺真相」等受歡迎的主題，正統歷史書不大會把某個解釋當作唯一正解[440]，除了歷史學外，這也是社會科學的基本手法[441]。

《國民的歷史》講的是作者本身相信的正史，不像專家編纂的歷史書總是講得曖昧不明。不過仔細想想，教科書也都用很篤定的方式敘述各種史實。接下來，就來看一看某本寫給日本小學生閱讀的教科書：「感嘆世間無法太平的聖武天皇」、「豪族們為了守護領地而勤練武藝，最後變成武士」、「奧運的成功會為國民帶來自信，也會促進產業發展[442]」。

教科書由眾多的歷史學者參與編纂，所以內容不大會出現野史奇談，但真要追究起來，還是有毛病可挑。其實武士的出現有諸多說法，而且一九六四年的東京奧運真的成功了嗎？奧運真的為國民帶來自信及產業發展嗎？這些都是沒辦法證實的事[443]。教科書用斷定的方式記述眾多史實，確實有助於提高學習效率，但是只讀教科書，不是學習歷史的唯一方法[444]。

歷史是用來彰顯權力的道具

從歷史這個詞彙來看，就可以知道琢磨歷史認知是很困難的。歷這個日文漢字與曆是成對的，原本的意思是累計軍功，象徵著權力和暴力，而史則源於向神獻上供品的祭祀活動[445]。

在古代的日本，歷史書也被用來記錄過去的政務，以及合理化國家所做的統治，就連日本現存最古老的正史《日本書紀》，也是為了對內外彰顯自己的權力，才編纂

439 小田中直樹《什麼是歷史學？》（歴史学ってなんだ？），PHP新書，二〇〇四年。

440 只從單純的因果關係說明歷史，就會近乎是一種陰謀論。吳座勇一《古代日本的戰爭與陰謀》，角川新書，二〇一八年。

441 以再現性的角度，把歷史學與自然科學相提並論，引發了許多爭議。不只是歷史學，人文學和社會科學也有同樣的問題。

442 《新編 新社會6（上）》（新編 新しい社会6（上）），東京書籍，二〇一五年。

443 在舉辦奧運前，日本就已經進入高度成長，比起運動盛會，人口紅利（按：因勞動人口在總人口中的比例上升，所伴隨的經濟成長效應）以及近代化才是最大因素。

444 而且多數教科書和通史都很枯燥無味。說到這裡，有次我到某保守派政治家的書房參觀時，曾發現《國民的歷史》，但看起來似乎完全沒有讀過。

445 佐藤卓己《人文學科，歷史學》（ヒューマニティーズ 歴史学），岩波書店，二〇〇九年。

而成的[446]。

在現代日本，總理大臣和政治家之所以偉大，因為他們是經由法定選舉所遴選出來，而在沒有民主制的古代日本，權勢者就有必要展現其領袖特質和政權的傳統，因此，古代權勢者就宣稱自己是神的後裔。在《日本書紀》中，不只天皇家，就連天皇周圍的權勢者，其地位和權力也都被合理化：某一族原本是神的子孫，長年服侍天皇家，所以現在也是權貴加身。神話情節之所以出現諸多矛盾和虛偽，大概是因為內容得滿足當時多數權勢者的關係。

只要想像成頗具歷史的傳統企業所編纂的企業史就好，這類創業家社長一定會費盡心思編寫，因為他要宣揚自己的企業是如此的具有歷史和傳統。不過調查之後，發現這些企業從創業者到現今社長之間，不僅系譜有斷絕，也有毫無資料留存的時期。據說那些與創業家頗有淵源而擠進公司的幹部，一經調查也根本毫無關係。社史編纂室因此陷入兩難。要只寫真實的部分？還是要多少穿插一些虛構的內容，一邊看社長和幹部的臉色寫企業史？

《日本書紀》則屬後者。當然社史內容不能全部都是虛構的，如果被其他公司，或是以前吸收合併的企業員工戳穿怎麼辦？所以視情況稍微虛構一下就好，而怎麼樣都兜不攏的部分，就介紹幾種說法蒙混過去。

七二〇年的《日本書紀》到九〇一年的《日本三代實錄》之間，所完成的史書合稱六國史[447]（見下頁圖表）。這些由國家編纂的歷史書，從歷代天皇的傳記，到彗星出現的時間都有記載[448]。

胡亂解釋的歷史

後世是如何看待《日本書紀》等歷史書？這些書主要被拿來當作參考，就像指南書一樣。貴族社會重視重複相同的事，他們很常參照過去的政務資料。而且歷史書本身，後來也變成類似現在彙整政府公報的書籍。《日本書紀》原先的目的，就是宣

446 《日本書紀》完成於七二〇年，但在六世紀中葉，應該已經有歷史書《帝紀》和《舊辭》。從稻荷山古墳出土的鐵劍可以得知，地方已會用文字記載家譜，因此有研究者主張《帝紀》出現於五世紀後半。關根淳《六國史之前》（六国史以前），吉川弘文館，二〇二〇年。

447 《日本書紀》（七二〇年）、《續日本紀》（七九七年）、《日本後紀》（八四〇年）、《續日本後紀》（八六九年）、《日本文德天皇實錄》（八七九年）和《日本三代實錄》（九〇一年）合稱六國史，但是當時並沒有這種稱呼。

448 卻沒有收錄可能記錄在木簡上的事務資訊和慣例儀式。六國史的相關資料，我是參照遠藤慶太《六國史》（六国史），中公新書，二〇一六年。

傳國家的合法性，但當國家邁向一定程度的成熟後，也就沒有必要再特意宣傳了。

隨著時代移轉，越來越多的天皇和貴族會留下個人日記，這些日記除了記述日常政務外，有的也會記述官僚略歷。如此一來，即使國家沒有留下「正史」，我們還是可以藉由日記獲得必要資訊[449]。這種由國家編纂的正史，在《日本三代實錄》以後就不再續編了，也不是正式下令不再續編，單純只是因為沒有必要。

之後，日本終於不再需要編纂由國家主導的正史。從「大日本是神的國度」開始寫起的《神皇正統記》，以及水戶德川家編纂的《大日本史》等，都是具有影響力的歷史書，卻都不是正史。不過到了中世時代，編纂者應該連做夢也沒想到，《日本書紀》竟然被解釋得很誇張。諸如天照大神曾飛來日本各地，把國常立尊（按：是

▼ 六國史中的六本史書

名稱	編纂年代	完成年代
日本書紀	-697 年	720 年
續日本紀	697 年-791 年	797 年
日本後紀	792 年-833 年	840 年
續日本後紀	833 年-850 年	869 年
日本文德天皇實錄	850 年-858 年	879 年
日本三代實錄	858 年-887 年	901 年

日本神話裡神世七代之一）視為最根源的神等，這些亂七八糟的故事在中世時代很流行，據說連天皇本身都相信這些說法[450]。

為國服務的歷史教育

一八六八年明治政府建立以後，《日本書紀》和《古事記》再度受到大眾矚目。為了取代武家政權、塑造以天皇為中心的國家，就勢必要參照古代做法，因為在古代，天皇是直接的領導者[451]。

明治時代寫給孩童閱讀的《小學日本史略》和《國史教科書》，這些歷史教科書

449 《源氏物語》和《榮花物語》等文學作品，在中世也被當作歷史書來參照。書本內容大都根據實際事件寫作，相關研究也很盛行。

450 十五世紀，後土御門天皇非常熱愛吉田兼俱的神道講學。戰亂（應仁、文明之亂）頻仍的時代，朝廷的貴族官員們渴望救贖而希求神道復興。有些時代認為，根據這種神道講學所著作的《中世日本紀》不值一讀，但現在《中世日本紀》是很珍貴的研究書籍。詳細請參考山下久夫等編《試問日本書紀這一千三百年的歷史》（日本書紀一三〇〇年史を問う），思文閣出版，二〇二〇年。

451 及川智早《日本神話究竟變成什麼樣子了？》（日本神話はいかに描かれてきたか），新潮選書，二〇一七年。

的開頭，簡直就是《日本書紀》和《古事記》的摘要大意[452]。尤其是《小學日本史略》，即使到了鎌倉時代，記述竟然還是以天皇為中心，且根本沒出現幕府等字眼，更令人吃驚的是，課本竟然出現天之御中主神和天地剖判[453]，真的是從神話開始寫起。日本是在一八八四年發現彌生土器，一八八三年發行的《小學日本史略》沒有出現考古學的記述，還算情有可原。但是連一九二七年發行的《尋常小學國史》（尋常小学国史），也從「天皇陛下的先祖稱為天照大神」開始講起，完全沒有提到考古學的見解。

早在八世紀的《常陸國風土記》就有提到貝塚，一七一六年新井白石也有撰寫石器論。日本什麼時候開始有人居住？從古代開始，就已經有人對這個問題感興趣[454]，而且自從一八七七年，海外的動物學研究者發現東京的大森貝塚後，國內也開始盛行以科學的角度談日本民族論[455]。

這種日本民族論也曾被用來合理化日本統治東亞的行為，但是在小學教科書裡，是把神話當作歷史來教，這是因為天皇遠從神話開始，就已經有了很長的歷史。

《尋常小學國史》的最終章——國民的覺悟中，描述日本萬世一系的天皇一直以來都仁慈愛民，因此國民必須向朝廷宣示忠誠[456]。當時教育現場的教師應該很辛苦。某小學教師在講述天孫降臨的故事時，孩童就問：「從天而降不會掉下來嗎？」「老師，搭飛機就可以了吧？」老師都不知道該怎麼回答。

已經接受科學洗禮的時代，還把神話當成事實來教，根本就很不合理。到了戰爭末期，甚至發生過這樣一件事。某孩童說：「老師，那根本是假的吧！」老師則大罵：「你這傢伙是足利尊氏（按：因反叛天皇，被視為逆賊）嗎？真是太不像話了！」然後用木刀狠狠的打了孩童一頓[457]。這種對充滿謊言歷史觀的反彈，最後化為戰後歷史學的原動力，不過在馬克思主義的強烈影響下，日本史的敘述角度也經常產生變化。

452 日本國立國會圖書館的數位館藏可以讀到教科書本文，但我推薦福田智弘《根本不可能是這樣！一百年前的教科書嚇死人》（今じゃありえない!! 一〇〇年前のビックリ教科書，實業之日本社，二〇一七年），這本書把當時的相關教科書整理得很精簡。

453 天之御中主神是《古事記》中最早登場的神，天地剖判就是指開天闢地。

454 新井白石在《古史通》中，以神是人為前提研究歷史。

455 愛德華．摩斯（Edward Morse）調查大森貝塚，主張列島的古代人曾有吃人的風俗。有關日本民族論，詳細請參考小熊英二《單一民族神話的起源》（単一民族神話の起源），新曜社，一九九五年。

456 百田尚樹所著的《日本國紀》（幻冬舍，二〇一八年）成為暢銷書籍，這本書與《尋常小學國史》相比，簡直是非常現代且科學的書籍。「隨著神話而生，以萬世一系的天皇為中心走出自己的一片天。這就是我們的國家，日本。」這本書即使寫出這樣的宣言，時代還是有好好從繩紋時代開始寫起。

457 古川隆久《建國神話的社會史》（建国神話の社会史），中公選書，二〇二〇年。

為什麼現代人還能讀到《日本書紀》？

宣示權勢者正當性的歷史、以煽動國民為目的的歷史，以及以科學態度敘述的歷史。單單提起歷史，就有這麼多類型，往後歷史敘述的形式，應該還會不斷改變。目前如果要談史前時代，一定得借重演化生物學和行為遺傳學的知識。

不過，歷史有一點不會改變，那就是它一直都是根據遺留下來的資訊所寫成的，雖然歷史書與遺跡、基因資訊不同，歷史書是被「遺留下來的」，遺跡和基因則是「殘存下來的」，歷史不可能無中生有。

即使是根據某種意圖而編纂的作品，《日本書紀》和《古事記》等得以輾轉流傳到現代，根本就是僥倖。在沒有印刷技術的時代，整本書只能透過手寫複製，而且也不能向現代一樣把資料保存在雲端，只要遭遇災害或戰爭，書籍馬上就會散落遺失。

《日本書紀》等歷史書，是透過許多家族，尤其是熱心人士協助，才得以流傳到現代。即使如此，六國史中的第三本《日本後紀》，原本共有四十卷，至今仍有四分之三不知所蹤，因為這些都在應仁之亂中佚失了。反過來說，現存的其他歷史書也大都如此[458]。

留存不是件容易的事。日本這個國家即使到了現代，卻依舊不是很執著做好保存。一九四五年日本戰敗，在占領軍到來之前，國家把眾多與戰爭相關的資料都燒毀處理[459]。且即使到了二十一世紀，時不時還會出現竄改公文和統計不實的醜聞。

不過，不管國家如何說謊，現代所發生的事件，也不至於留存不到未來，因為國內的人們透過手機，每天都保留了龐大的資料。未來的歷史學者不需要擔心資料太少，反倒要為資料太多而苦惱吧！

而歷史將持續下去

當然，這本書也無法完全寫出中立客觀的歷史。

本書採用古代（統一）、中世（瓦解）和近代（再度統一）的長時間跨距做時代區分，使日本史變得更容易理解。勉強歸納的話，就是以下的內容：約四萬年前到訪日本列島的人類，長時間都過著大致和平的生活。但是在約三千年前（西元前十世紀

458　如果《日本書紀》在更早前就佚失，當要了解古代史的樣貌，就更得要參考大部分鄰國的歷史書和考古資料。即使可以透過寺院等建築物或是古墳，在某種程度上推測王權的建立過程，但應該畫不出《天上之虹》（按：描寫日本第四十一代女天皇持統天皇的長篇歷史漫畫）這種漫畫吧！

459　「占領前，指示燒毀文書」《讀賣新聞》二〇一五年八月十日早報。同樣的證言不勝枚舉。

左右）開始，隨著聚落的發展，戰爭也越來越多，經歷最早的「戰國時代」。三世紀左右列島出現寬鬆統治的王權，七世紀時，他們把最高的權勢者稱為天皇，並把國號定為日本。這段列島統合為一的時代，稱作古代。不過，古代所抱有的理想太高了。十二世紀左右開始，時代轉移到中世，天皇、上皇、貴族、武士和寺院等眾多權力並存，是一段中央權力衰弱、地方蓬勃發展的時期。經過十六世紀的戰國時代，從十七世紀開始，國家又再度邁向和緩的統一[460]。

十九世紀後半開始，國家接受西洋傳入的思想和技術，使日本真正統合為一。一般都把這個時代稱為近代。這個時期日本輸掉大戰，並造成無以數計的犧牲。但在這階段，列島達到前所未見的經濟成長，富裕的人因此變多[461]。

這種「統一→瓦解→再度統一」的歷史觀，說到底也只是一種看法而已，或許有人會覺得我過度評價古代，批評我輕視人民史觀（按：從平民而非領導人的角度考慮歷史的視角）也說不定。

從更根源上來說，日本史是否存在？這件事本身就是一個問題。如同本書所說，從古代到現代為止，這個國家的型態曾經發生過多次改變，雖然天皇家存續了一千年以上，但七世紀、十九世紀和二十一世紀的日本都是截然不同的。

雖說如此，現代人可以從各個階段的日本發現到關聯性，這正是歷史存在的證明。當然，我們也可以這樣講。之所以會有日本通史，是因為現代人對日本和日本人的虛擬定義深信不疑。只是因為住在日本的領土上，所以對毫不相干的古代人感到親近，因此像本書這樣的日本史才能夠流通在市面上。

不過，這種對歷史的關注並不是突然出現的。如同本章所說，權勢者們從古代就對歷史很感興趣，雖然沒有留下文字，但是生活在各個時代的人們，應該都以某種形式關注著歷史。在全世界流傳的神話和傳說，就是人們關注歷史的證據。

總有一天，日本史會消失，並歸納在世界史或地球史當中，或像矢來町（按：東京都新宿區的町名）史、紀尾井町（按：東京都千代田區的町名）史一樣，人們之後會關注更微型的歷史也說不定[462]。在歷史面前，如何區分日本和矢來町並不重要。

總之，歷史就是由各時代的證據和推論交織而成的敘述。某人留下某些訊息，而有人守護這些資訊，歷史就得以延續。讀寫歷史，也等於參與延續歷史的活動，閱讀本書也是。如此一來，歷史將無限延續下去。

460 也就是江戶時代，日本也有把這段時期稱為近世的區分法，用英語來說就是近代早期。

461 如果要區分近代和現代，多數人認為區分點在一九七〇年左右。因為在此時，日本達到一定程度的近代化。近代之後的時代，也有研究者不稱為現代，而是稱為近代後期。

462 之後的ＡＩ說不定可以藉由讀者的個人資訊、住址，客製化編纂一本專屬各位的歷史書。

後記
拿得起放不下的有趣日本史

最近我一直在寫《再見，平成君》（平成くん、さようなら）和《Ask me why》（アスク・ミー・ホワイ）等小說，我其實很久沒有以社會和歷史為題，撰寫比較正經的書了。

或許每個小說家都知道吧，寫故事都有一套理論，那就是主角都有明確的目的。男主角或女主角想要做的事都很清楚明白。小說的內容，寫的就是主角為了實現目標而追趕跑跳碰的故事。如果不這樣寫，讀者就會覺得「這到底是在講什麼啊？」然後把書扔下不看。最近純文學出現了很多這種作品，但我不知道誰會讀這類書，所以就不講壞話了。

即使知道理論，實際上要寫出引人入勝的故事也很難，日本史的教科書就是典型的無趣小說。主角不會只有一位，有時雖然會出現擁有明確目標、頗具魅力的登場人物，但是主角馬上就會換人。因此就算努力讀下去，也只會越來越不懂故事到底在講什麼。反過來說，織田信長和坂本龍馬等人物之所以受歡迎，就是因為他們（看起來）有明確的目標。因此，我十分理解為什麼以這些英雄們為焦點的作品會這麼暢銷。不過，這本書幾乎沒出現什麼英雄，且我有意識的避免使用專有名詞，因此，本書是一本很難讓人投入感情閱讀的書，但我是用一種寫小說所沒有的愉快心情在書寫這本書，那就是用像神一樣的俯瞰角度，盡可能宏觀的描寫歷史。

小時候，我很喜歡畫虛構的街道地圖。捨去細微的事件只掌握全貌，真的別有一番快感。同樣的，我只要到沒去過的街道，就一定要爬上高塔或摩天大樓的觀景臺。從觀景臺的角度，雖然沒辦法看清楚街道上每個人的臉或了解他們的生活，但可以看到人們過著同樣的日常，以及緊密連結的街道。

這本書也以某種角度敘述了日本。從觀景臺可以遠眺東南西北，經常會發現東邊和西邊的街道截然不同。一千年前的日本與現在的日本，也不會是同一個。不過，能夠把兩個日本，以同一個日本的角度描寫，是站在觀景臺角度觀察的人的特權。我不知道這本書的嘗試可以獲得多少成功，我只希望大家在觀景臺上看到的景色，在離開後，依然能為大家帶來某些收穫。很多人看書會先從結語看起。根據我的分析，是因為結語可以了解作者寫書的目的，又最富有人情味。在理解作者的人格特質後，就算是難懂的學術書，也好像變得更容易讀下去。

最後，來講一下我寫這本書的契機。

那是在二〇一七年六月的事。本來我們配合夏至時期要去波蘭，但祖母身體有恙，就取消了。我在空下來的時間裡，就先把《人類大歷史》拿來讀一讀。原本我看書都是快速瀏覽一下，但因為當時很閒，我就花了一段時間讀完。我發現原來歷史還可以用這種方式敘述，那能不能也用類似的方式敘述日本史呢？不過我不是歷史學者，很猶豫要不要寫通史，而且我也不想寫《人類大歷史》那種多達六百頁分成上下卷的書。由於日本史這種類別應該不會消失，我就覺得以後再寫也無妨。

正好當時我也開始寫第一本小說。雖然覺得可以把日本史往後推遲一些，但是想避開專有名詞、寫宏觀歷史的念頭揮之不去。雖然是事後解釋，我寫日本史應該是想在思考上取得一些平衡，因為當初在寫的全是個人經驗和感情的小說。我以書名為《他真的很溫柔》（彼は本当は優しい）發表的第一本小說，寫的是有關祖母的事。

這本書的原稿原本在雜誌《新潮45》（按：二〇一八年十月號後休刊）和雜誌《波》連載。總編輯若杉良作和編輯出來幸介對內容感興趣，為我製作了企劃，中途由西山奈奈子負責接手。製作新書的過程，則承蒙編輯後藤裕二的協助。

很開心有讀者沒有中途放棄、讀到最後。從後記開始讀起的讀者，也希望你不要放棄，直到再度讀到這篇為止。

TELL 037

拿得起放不下的有趣日本史

想從哪一章讀起都可以，只說故事不講術語，六種角度解構日本大歷史。

作　　者／古市憲壽
譯　　者／賴詩韻
責任編輯／林盈廷
校對編輯／陳竑悳
美術編輯／林彥君
副 主 編／馬祥芬
副總編輯／顏惠君
總 編 輯／吳依瑋
發 行 人／徐仲秋
會　　計／許鳳雪
版權專員／劉宗德
版權經理／郝麗珍
行銷企劃／徐千晴、周以婷
業務專員／馬絮盈、留婉茹
業務經理／林裕安
總 經 理／陳絜吾

國家圖書館出版品預行編目(CIP)資料

拿得起放不下的有趣日本史：想從哪一章讀起都可以，只說故事不講術語，六種角度解構日本大歷史。/古市憲壽著；賴詩韻譯. -- 初版. -- 臺北市：大是文化有限公司，2021.07
272 面；17×23 公分. --（TELL；37）
譯自：絶対に挫折しない日本史
ISBN 978-986-5548-89-6（平裝）
1. 日本史
731.1　　110004954

出 版 者／大是文化有限公司
臺北市 100 衡陽路 7 號 8 樓
編輯部電話：（02）23757911
購書相關資訊請洽：（02）23757911 分機 122
24小時讀者服務傳真：（02）23756999
讀者服務E-mail：haom@ms28.hinet.net
郵政劃撥帳號／19983366　戶名／大是文化有限公司

法律顧問／永然聯合法律事務所
香港發行／豐達出版發行有限公司 Rich Publishing & Distribution Ltd
香港柴灣永泰道70 號柴灣工業城第 2 期 1805 室
Unit 1805, Ph .2, Chai Wan Ind City, 70 Wing Tai Rd, Chai Wan, Hong Kong
電話：21726513　傳真：21724355
E-mail：cary@subseasy.com.hk

封面設計／陳皜
內頁排版／顏麟驊
印　　刷／緯峰印刷股份有限公司

出版日期／2021 年 7 月初版
定　　價／新臺幣 380 元（缺頁或裝訂錯誤的書，請寄回更換）
I S B N　978-986-5548-89-6
電子書I S B N／9789865548902（PDF）
9789865548919（EPUB）

ZETTAI NI ZASETSUSHINAI NIHONSHI by Noritoshi FURUICHI

Original Japanese edition published in 2020 by SHINCHOSHA Publishing Co., Ltd.
Traditional Chinese translation rights arranged with SHINCHOSHA Publishing Co., Ltd. through Bardon Chinese Media Agency, Taipei